æ
colección acción empresarial

NEUROECONOMÍA

Pedro Bermejo
Prólogo de Vivian Acosta

NEUROECONOMÍA

Cómo piensan las empresas

MADRID   BARCELONA   BOGOTÁ
MÉXICO D.F.   MONTERREY   BUENOS AIRES
LONDRES   NUEVA YORK   SHANGHÁI

Colección Acción Empresarial de LID Editorial Empresarial, S.L.
Sopelana 22, 28023 Madrid, España - Tel. 913729003 - Fax 913728514
info@lideditorial.com - LIDEDITORIAL.COM

A member of: 

EAN-ISBN13: 9788483569603
Directora editorial: Jeanne Bracken
Editora de la colección: Nuria Coronado
Edición: Maite Rodríguez Jáñez
Corrección: Mar Acosta
Maquetación: produccioneditorial.com
Fotografía de portada: © graphicsdunia4you/iStockphoto.com
Diseño de portada: Irma Martín Paz
Impresión: Cofás, S.A.
Depósito legal: M-30.378-2014
Impreso en España / *Printed in Spain*

Primera edición: noviembre de 2014
Segunda edición: abril de 2015

Te escuchamos. Escríbenos con tus sugerencias, dudas, errores que veas o lo que tú quieras. Te contestaremos, seguro: queremosleerteati@lideditorial.com

Índice

Prólogo

Neuroeconomía es un libro que abarca multitud de áreas y conceptos presentes en el día a día de un nuestro entorno empresarial. Neurología, entendida como el estudio del cerebro humano, y economía, vista como todas las operaciones tanto económicas, como relacionales, que impactan en un resultado tangible.

Sin duda, *Neuroeconomía* lleva al lector a comprender los mecanismos psicológicos y fisiológicos que existen detrás de todas las actuaciones que desplegamos en nuestro complejo mundo social y empresarial. Conocer cómo funciona nuestro cerebro, cómo respondemos ante determinados estímulos, qué nos hace más propensos a tomar una u otra opción, es sin duda hoy en día donde se lleva a cabo la guerra por el posicionamiento de los productos en un mercado global e hiperconectado en milésimas de segundos, un arma estratégica y, me atrevería a describirla, como necesaria para conseguir eso que todos deseamos: tener el mejor posicionamiento frente a nuestro público objetivo.

Pero… ¿cuál es nuestro público objetivo? El universo es tan amplio como potenciales los lectores de este libro. Todos en nuestro transcurrir deseamos impactar en los demás y conseguir llegar a acuerdos beneficiosos, desde una adolescente que desea impactar en ese chico que acaba de conocer y que al pertenecer al grupo de los «guays» está totalmente rodeado de quinceañeras, hasta el vendedor de coches que en este momento de crisis ha visto como sus ventas bajaban y cada vez es más y más importante que cada potencial cliente que entre en su concesionario se marche tras dar el «sí, quiero» y cerrar la venta.

Pedro Bermejo, a través de este libro, consigue paso a paso, página a página adentrarnos en el mundo de la neurología y enseñarnos de una forma didáctica y muy amena cómo funciona nuestro cerebro y, más importante aún, cómo conseguir activar determinadas zonas del cerebro de los demás para tener mayores probabilidades de éxito en aquello que nos propongamos.

Soy de las que, cuando escucha a las personas decir eso de «yo ya soy mayor para cambiar», ve cómo su sistema límbico se activa ante tamaña tontería. Como Pedro nos traslada en este libro, nuestro cerebro sufre modificaciones en todo momento y hasta puede llegar a cambiar o potenciar determinadas funcionalidades e, incluso, su anatomía. ¿Cómo es posible no cambiar, no evolucionar o involucionarse si nuestro cerebro lo hace? El cambio y la adaptación es parte de nuestra fisiología, nuestro cerebro nos acompaña y ayuda en este proceso.

El siglo XXI es el siglo del *neuromanagement*. Todos, de una forma u otra, hemos visto, leído o escuchado este concepto. Hoy en día, y sin duda porque nuestro cerebro es más versátil y nos permite trabajar con varios conceptos a la vez, todas las ciencias se unen y complementan para ayudar a los gestores y líderes de las compañías a hacer mejor su trabajo, lo que implica: tomar mejores decisiones, seleccionar profesionales de éxito, motivar y comprometer a los equipos, sorprender a los clientes y tener una excelente relación con los grupos de interés que afectan al negocio, entre otras habilidades. Pues bien, todos y cada uno de estos comportamientos tienen en este libro un capítulo que nos da claves para mejorar, desde el entendimiento de los patrones que subyacen a la conducta humana. Considero que no hay estrategias más potentes y que consigan movilizarnos más que aquellas que están ligadas a nuestro ser.

De la mano del *neuromanagement,* el neuromarketing se ha colado por las ventanas y puertas de todas las corporaciones, no hay congreso en el que no se hable de él. ¿Por qué será? Sin duda, por su efectividad; lejos de esnobismos, el neuromarketing ha venido para quedarse. Cuando lees este libro, de repente, reconoces muchos de los patrones que en él se trasladan. Yo los he visto, sufrido y, en ocasiones, diría que hasta padecido. ¡Funcionan! Y funcionan porque su base es fisiológica… De ahí que los hayamos acogido en el mundo empresarial y cada vez sean más los profesionales de muy diversas disciplinas los que buscan conocerlo y descubrirlo en todo su potencial.

Les invito a leer este libro y más aún a pasar de la reflexión pura de la lectura a la acción, a esa acción que lleve al lector a poner en práctica y testar su habilidad para trabajar con los nuevos conceptos que el *neuromanagement* nos ha traído. Solo en el mundo de la acción se desarrollan las habilidades y, siguiendo al autor de este libro, solo actuando una y otra vez, lograremos imprimir un cambio en nuestros procesos mentales que nos convertirán en profesionales más experimentados, porque nuestro cerebro es una potente máquina de APRENDIZAJE y CAMBIO.

Vivian Acosta

Socia directora general de consultoría en Talengo

Introducción. La neurociencia llegó a la gestión empresarial

«Si buscas resultados distintos no hagas siempre lo mismo».

Albert Einstein

¿Por qué fui tan idiota y tomé esa decisión? Si alguna vez te has hecho esa pregunta es muy probable que este sea tu libro. Si te has preguntado por qué la mayoría de las veces actúas sin pensar, compras productos que no deseas, te preguntas cómo te manipulan los políticos o qué trucos utiliza tu jefe para que hagas lo que él quiere y que además te encuentres feliz, aquí obtendrás las respuestas. Sigue leyendo y *Neuroeconomía* te desvelará los últimos avances que la neurociencia ha aportado a la gestión empresarial y a la economía, e incluso explicará cómo podemos influir sobre nuestro jefe, manipular a los trabajadores o a los clientes, dependiendo de nuestra situación laboral.

Los últimos descubrimientos sobre el cerebro humano se han dirigido hacia nuestras regiones más íntimas, aquellas que explican por qué actuamos de un modo u otro, y que, en definitiva, nos hacen humanos. No solo sirven para saber por qué tomamos una u otra decisión, sino que además nos permiten mejorar el proceso de toma de decisiones, optimizar los resultados financieros o empresariales e, incluso, influir y manipular las decisiones de los demás para que actúen en nuestro beneficio.

Al igual que sucede con los grandes descubrimientos de la humanidad, los avances de la neurociencia en este campo tienen una doble vertiente, y pueden ser utilizados tanto a favor como en contra de otras personas, ya que podemos llegar a manipular las opiniones de los demás y hacer que tomen decisiones a nuestro favor sin llegar a importarnos las consecuencias o el perjuicio que provoquemos en otros.

Los avances de la neurociencia que se describen en este libro no se quedan en las meras teorías psicológicas sobre el comportamiento de los individuos que teníamos hasta ahora y que más o menos nos ayudaban a mejorar la gestión empresarial. A diferencia de esto y yendo un paso más allá, los últimos descubrimientos sobre el funcionamiento del cerebro humano permiten esbozar un libro de instrucciones sobre cómo funcionamos, actuamos y decidimos, con el gran peligro que esto entraña si esta información cae en manos de personas que busquen solo manipular a los demás de un modo partidista.

Si quieres saber cuál es el famoso «punto S» que se activa en el cerebro de un cliente, y que le llevará a tomar de forma irremediable la decisión de comprar nuestro producto antes de que él mismo lo sepa, cómo manipular a tu jefe para que cambie su opinión, qué días y en qué condiciones su cerebro estará más dispuesto a concederte un ascenso, por qué partidos políticos sin un programa electoral razonable consiguen millones de votos solo tocando la fibra emocional de los votantes o simplemente qué propone la neurociencia para llevar la gestión empresarial a su máximo esplendor, aquí obtendrás las respuestas. De ti depende utilizarlas para descubrir las necesidades de tus empleados o para manipularlos y lograr el mayor beneficio empresarial.

A través de esta obra, y de otras muchas que aparecerán en los años venideros, los científicos pondremos a disposición de todo aquel que lo desee los conocimientos de la neurociencia, que no es sino el libro de instrucciones de tus clientes, colaboradores y empleados. De ti solo esperaremos que pongas la ética del buen uso del mismo.

1. Neurociencia, neuroeconomía y *neuromanagement*

Neuro, neuro, neuro… En los últimos años estamos asistiendo a un sinfín de descubrimientos en todas las áreas de la ciencia que están teniendo un especial eco en el cerebro humano. La última década del siglo XX fue la llamada «década del cerebro» y a este siglo se le ha denominado «siglo del cerebro», para hacer referencia a la gran cantidad de investigaciones y descubrimientos que se están realizando sobre este tema. El hecho de que fuese una estructura tan protegida y compleja (el cerebro es la estructura más compleja del universo conocido) nos ha dificultado su estudio a lo largo de la historia. Sin embargo, últimamente se han desarrollado técnicas que permiten analizarlo como nunca lo habíamos hecho antes. Ahora podemos estudiar su anatomía en vivo con una precisión de décimas de milímetro mediante la resonancia magnética cerebral, técnica de estudio que se va perfeccionando con el paso de los años. Además, sabemos qué zonas cerebrales se activan cuando realizamos cualquier función, ya sea mover un brazo, cantar o decidir si vamos a comprar un producto de Apple o Microsoft.

Solo en los últimos años hemos ido un paso más allá y estamos comenzando a introducir en las resonancias magnéticas a todo tipo de personas para estudiar qué sucede en su cerebro cuando toman decisiones. De esta forma conocemos qué áreas cerebrales nos dicen que ese cliente va a comprar un producto, cuáles se activan si le gusta, cuáles si le da miedo, si lo percibe como caro o si nunca lo adquiriría. Pero además hemos dado un paso más y ahora sabemos que podemos influir sobre el cerebro y activar ciertas áreas que intervienen en las decisiones para que esa persona opte por la alternativa que a nosotros nos convenga. De este modo estamos abriendo la puerta a la manipulación científica de otros seres humanos. Una manipulación sin paliativos que puede suponer un gran dilema ético.

En la actualidad podemos aplicar los descubrimientos de la neurociencia a la realización de estrategias empresariales, averiguar qué características deben tener los anuncios publicitarios para que sean más fácilmente recordados por los consumidores, qué aspectos son los que más despiertan las emociones en los potenciales votantes e, incluso, desarrollar campañas electorales más eficaces. Los avances científicos también pueden conocer cuáles son los parámetros cerebrales que se relacionan con la productividad de los empleados y potenciarlos para lograr el máximo desarrollo de nuestra empresa.

En los últimos años hemos visto un gran florecer de las disciplinas afines a la neurociencia debido a los nuevos conocimientos científicos en este campo. De esta forma no es difícil encontrarse con los términos neuromarketing, neuroeconomía, *neuromanagement,* neuroarte, neuropolítica o neuroética. Aunque han existido muchas críticas sobre el uso indiscriminado de la palabra «neuro» por algunas sociedades científicas y se ha propuesto que solo se acepten como válidos los términos neurociencia y neurología, lo cierto es que toda esta nueva terminología únicamente hace referencia a la gran explosión que se ha producido en los conocimientos de la neurociencia y al gran número de aplicaciones a las que se ha derivado.

No obstante, acabamos de pasar el punto crítico en el que no hay vuelta atrás y debemos hacer frente al aluvión de conocimientos y aplicaciones que nosotros mismos hemos creado. La capacidad de modificar la conducta de los consumidores, los empleados y clientes, por no hablar de los grandes inversores en el mercado de valores, debe evaluarse con sumo cuidado y la posesión de estos conocimientos bien puede asemejarse a tener en nuestra mano un arma de fuego que podemos utilizar para luchar a favor de la libertad o para cometer las peores atrocidades.

A pesar de que la neurociencia existe desde hace más de un siglo, el término neuroeconomía procede del año 2002, en el que un psicólogo llamado Daniel Kahneman ganó el premio Nobel de Economía gracias a sus estudios sobre la conducta de los seres humanos en los aspectos financieros, cambiando de un modo irreversible el modo de ver la economía. Desde entonces han surgido en el mundo numerosos centros de estudio para analizar el comportamiento de los seres humanos cuando tomamos decisiones, y existen cada vez más asociaciones para poner en contacto neurocientíficos con gente del mundo de la empresa y del marketing, en España su máximo exponente es la Asociación Española de Neuroeconomía.

Sin embargo, el enorme desarrollo de la neuroeconomía ha sido tan espectacular que ha dejado de ser una rama de la neurociencia para llegar a tener sus propias ramificaciones. De este modo el neuromarketing ha surgido como aquella disciplina que se encarga de estudiar cómo los clientes y consumidores toman sus decisiones de compra; las neurofinanzas para analizar el modo en el que nuestro cerebro utiliza los términos económicos; la neuropolítica evalúa y manipula al cerebro de los votantes; y el *neuromanagement* utiliza estos conocimientos para lograr el máximo desarrollo empresarial.

Este rápido crecimiento de la neurociencia aplicada al mundo de la empresa y de los negocios está produciendo un enorme efecto llamada. Cada vez son más las inversiones y estudios que se realizan en esta rama de la ciencia, así como el número de personas que se ven atraídas por su creciente interés, aumentando de manera notable el número de aquellos que se definen como neuroeconomistas. Este hecho está dando lugar al principal peligro al que la neuroeconomía se está enfrentando desde su creación y que es el enorme intrusismo de gente sin formación alguna que se ofrece a las empresas como expertos en el tema, problema que se ha visto acuciado en este momento de crisis económica en el que las compañías buscan modos de crecimiento alternativo. A pesar de ello, el enorme interés que está suscitando, el aumento de las inversiones y el sinfín de nuevos descubrimientos que están apareciendo en el ámbito de las decisiones humanas, permiten augurar que el crecimiento exponencial de la neuroeconomía continuará en los años venideros.

Cuadro I.1 Evolución desde la neurociencia hasta el *neuromanagement*

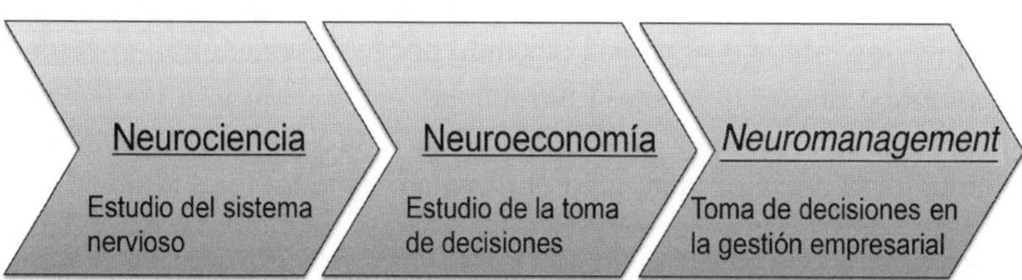

2. Ahora decides tú

¿Qué empleado tengo que contratar? ¿Son mejores las mujeres o los hombres para dirigir una empresa? ¿Qué día de la semana tengo que pedir un incremento salarial? ¿Influyen la luna o el sol en el rendimiento de los empleados? ¿Soy más productivo si bebo café? ¿Y si fumo? ¿Con qué trucos puedo manipular a los clientes para que compren mis productos? Estas y otras preguntas puede responderlas la neuroeconomía a través de las últimas revelaciones sobre el funcionamiento cerebral y, en los próximos capítulos, tú mismo encontrarás las respuestas y otras guías que te ayudarán a descifrar por qué los demás piensan y actúan como lo hacen. Los conocimientos que aquí adquieras te ayudarán a comprender por qué determinadas personas sin los conocimientos adecuados son capaces de escalar más rápido que tú en las empresas y cómo puedes revertir eso. Solo falta que tomes la decisión de seguir leyendo este libro.

Ahora tu cerebro tiene que tomar una decisión y está realizando los procesos básicos, que empiezan con recabar toda la información que considera interesante: el precio del libro, el color de la cubierta, su utilidad, las sensaciones de este primer capítulo, etc. Con posterioridad, y de una forma inconsciente, tu cerebro analiza todos estos datos en un proceso en el que se mezclan la razón, las emociones y la memoria y que es completamente manipulable. Por último, tu cerebro dictaminará su decisión y luego te la hará consciente, momento en el que te creerás un ser libre capaz de tomar tus propias decisiones.

Precisamente ahora estás decidiendo si continúas leyendo *Neuroeconomía* o no, si te puede aportar algo, si podrás influir en alguien con lo que aquí aprendas, si te servirá para manipular a tu jefe o a tus empleados. Incluso se te está pasando por la cabeza aquella persona concreta a la que te gustaría influenciar y que cediese a tus deseos. Estás a punto de saber si continuarás leyéndolo o no, de ser consciente de la decisión que tu cerebro ya hace mucho que tomó.

¿Te habré manipulado para que sigas leyendo?

1 | ¿Cómo tomamos las decisiones?

En los últimos años ha surgido con relativa fuerza una corriente de estudio sobre cómo los humanos tomamos nuestras decisiones y, por ello, ha irrumpido en la sociedad una nueva disciplina científica que se dedica de manera íntegra a ello: la neuroeconomía. No obstante, si consiguiésemos saber cómo nuestros congéneres toman sus decisiones y, de algún modo, influirlos o manipularlos para que elijan aquellas que a nosotros nos son más beneficiosas, tendríamos un poder tal que explicaría la gran inversión que se está llevando a cabo para entender cómo el cerebro funciona en este terreno.

Los últimos avances científicos han puesto de manifiesto que el cerebro toma decisiones de una forma muy simple: existe un sistema que se activa y nos lleva a tomar la decisión, nos lleva hacia el «sí»; y otro sistema anatómicamente diferente que bloquea esa decisión, es decir, nos lleva hacia el «no». Dependiendo de cuál de esos sistemas se active más realizaremos o no dicha acción. En realidad esta idea no tiene nada que ver con la neurociencia más moderna, sino que procede de la filosofía griega clásica, con varias escuelas que afirmaban la existencia de unas fuerzas que nos mueven hacia una determinada decisión y otras que nos bloquean y nos dejan relegados a permanecer en la posición en la que nos encontramos. Lo que ha cambiado en los últimos años, sobre todo a partir de los años noventa, la llamada «década del cerebro», no es el concepto en sí, sino la capacidad que tenemos para estudiarlo y definir las estructuras cerebrales que se activan o inhiben cuando tomamos decisiones.

Este cambio de paradigma, basado en un conocimiento íntimo del cerebro, nos lleva a un escalón superior ya que, si conocemos los «botones» que nos llevan a tomar tal o cual decisión, ¿por qué no podemos presionarlos de tal modo que lleven a nuestros clientes o empleados a tomar las decisiones que a nosotros nos interesan? Esta idea, que está cobrando cada vez más realismo en los últimos años al conocer mejor la anatomía del sistema nervioso, no solo es sorprendente sino también aterradora. Pero por muy pavorosa que nos pueda parecer ahí está, y se muestra como uno de los cambios más importantes que se puede producir en la gestión empresarial en los años venideros.

Los procesos en los que las estructuras cerebrales nos llevan a tomar una determinada acción se pueden modificar de muchas formas, la mayoría de las cuales nuestro cliente o empleado no es consciente, lo que abre la puerta de un modo descarado y peligroso a la manipulación mediante técnicas neurológicas. Una rama de la ética que se ha denominado neuroética ya ha comenzado a estudiar estas posibilidades de manipulación y la libertad de los individuos para estudiar sus propias decisiones.

1. La región cerebral del «sí»

Las estructuras cerebrales que nos llevan a tomar una determinada decisión están perfectamente identificadas y en su conjunto reciben el nombre de sistema de recompensa cerebral. Este sistema se activa cuando conseguimos algo que nuestro cerebro interpreta como una recompensa, y las opciones son enormes: dinero, sexo, comida, bebida, tabaco, drogas, un nuevo cliente, un ascenso en el trabajo, el reconocimiento del jefe, etc.

La activación de este sistema se produce ante un beneficio potencial, es decir, ante la posibilidad de recibir dicha recompensa. Además, también influirá la cuantía de la recompensa ya que, como todos sabemos, no nos activaremos igual si una determinada decisión nos puede hacer conseguir 300 o 3.000 euros.

Existen varias estructuras cerebrales que se han relacionado con este sistema y que forman parte de él. Entre ellas destacan el mesencéfalo y el sistema límbico, propias de las regiones más antiguas del cerebro, y dos zonas más que tienen una utilidad enorme en la neurociencia de toma de decisiones que se denominan núcleo accumbens y corteza prefrontal. Estas dos zonas cerebrales suponen el núcleo central del sistema de recompensa y nos referiremos numerosas veces a ellas a lo largo de este libro.

Aunque la corteza prefrontal y el núcleo accumbens son parte integrante del sistema de recompensa cerebral tienen una función diferente y con una utilidad más que útil en el mundo empresarial y de las finanzas. Si bien la corteza prefrontal está relacionada con las decisiones racionales, el núcleo accumbens lo está con las emocionales y estas últimas son las que nos hacen susceptibles de ser influenciados y manipulados. Dicho de otro modo, si hacemos que nuestros clientes o empleados tomen decisiones emocionales en lugar de racionales –y existen numerosas formas para hacer esto– serán más manipulables y caerán presos de numerosas técnicas psicológicas y neurológicas que les influenciarán para que tomen las decisiones que interesan a nuestra empresa. Visto desde el punto de vista contrario, la toma de decisiones racionales hará que un empleado no sea influenciable por la gestión de la empresa, un cliente adquiera los productos que en realidad necesita sin ser influido por la publicidad o los gerentes de una empresa no se dejen llevar tan fácilmente por la situación puntual del mercado.

Cuando analizamos una situación económica, la corteza prefrontal y el núcleo accumbens nos darán distinta información: la primera se activará y analizará las posibilidades que tenemos de conseguir esa recompensa; mientras que el segundo lo hará con la cuantía de la misma. Visto esto con un ejemplo, si vamos a un casino se nos activará mucho el núcleo accumbens y muy poco la corteza prefrontal, ya que hay muy pocas posibilidades de ganar dinero aunque, si así sucediese, podríamos ganar mucho. Si, por el contrario, nos encontramos un billete de 10 euros en un bolsillo del abrigo se nos activará mucho la corteza prefrontal, ya que las posibilidades de conseguir la recompensa son del 100%, mientras que se activará muy poco el núcleo accumbens, dado que se trata solo de 10 euros y no podremos hacer mucho con ello. Podemos considerar que la activación global del sistema de recompensa cerebral es una función que depende sobre todo de la activación de estas dos estructuras.

Otra de las características propias de este sistema es que funciona a través de una sustancia, en concreto un neurotransmisor, que recibe el nombre de dopamina, a la cual, dado que su papel en esta región de la anatomía es proporcionarnos placer, se le ha denominado «sustancia del placer». De hecho el término «doparse», para referirse al hecho de consumir sustancias adictivas ilegales, procede del término dopamina, ya que es esta misma sustancia la que se encarga de activar al sistema de recompensa cerebral en todos los sujetos adictos a sustancias, sin importar que esta sea la heroína, la cocaína, el alcohol o cualquier otra droga de diseño. De este modo, los adictos a estas drogas consiguen activarse de un modo inmediato y artificial el sistema de recompensa cerebral, el cual les ocasiona un placer inmediato y el deseo de recibir de nuevo esa sustancia y más placer.

Si conseguimos activar el sistema de recompensa cerebral de uno de nuestros empleados o clientes –y recordemos que existen muchas formas de conseguirlo, algunas sin que ellos mismos sean conscientes– provocaremos una reacción en su cerebro que confundirá con placer y pondrá en marcha una serie de mecanismos que le lleven a repetir la acción con la que ha conseguido esa recompensa. Por ejemplo, si tenemos unas palabras de agradecimiento para un empleado que ha realizado una labor extraordinaria a la empresa y ese reconocimiento le ha provocado satisfacción (lo cual ocurre sobre todo en determinados trabajadores que necesitan que les digan que hacen las cosas bien y que todos conocemos), habremos creado un empleado que buscará activar de un modo subconsciente su sistema de recompensa cerebral a través de realizar la misma acción, es decir volviendo a realizar una nueva actividad extraordinaria para la empresa. De este modo, y a través de un simple reconocimiento habremos conseguido crear en un perfil muy concreto de trabajador a alguien más eficiente, que va a intentar trabajar más para nosotros y sin aumentarse el sueldo.

Una de las consecuencias más inmediatas que ocurre cuando algo nos ocasiona placer, es decir, conseguimos una recompensa, es que nuestro cerebro pone en marcha una serie de mecanismos para aprender a conseguir de nuevo otras recompensas similares. Si uno de nosotros sale a ligar un sábado por la noche y hemos tenido éxito dos veces seguidas con la misma camisa, nos haremos la idea de que el motivo por el que hemos triunfado esa noche es por llevar dicha camisa, de modo que aprenderemos que con esa camisa es con la que debemos salir a ligar. En definitiva, se está produciendo un aprendizaje y, de hecho, la activación repetida del sistema de recompensa cerebral es una de las formas más fáciles para aprender. Este hecho tiene importantes aplicaciones prácticas.

Por un lado, y volviendo al ejemplo de los adictos a las drogas, está claro que estos aprenden determinadas conductas para volver a consumir su dosis, y de aquí también procede que se encuentren tan mal cuando dejan de consumir estas sustancias. De hecho, la hipoactivación del sistema de recompensa cerebral está muy relacionada con el estado de síndrome de abstinencia o «mono» en el cual hay numerosas sensaciones negativas, como ansiedad, tristeza, etc., y un deseo incoercible de volver a consumir la droga. Este síndrome de abstinencia también sucede con otras situaciones de la vida y son las mismas estructuras cerebrales las que se activan cuando nos ha dejado nuestra pareja, hemos perdido aquel trabajo que tanto nos gustaba o se nos acaba la prestación por desempleo.

Podemos aprovechar estos conocimientos para influir en nuestros trabajadores y, de algún modo potenciar el hecho de que aprendan determinados hábitos. Si sabemos que la obtención de recompensas es la base del aprendizaje tendremos claro cómo conseguir que los trabajadores de la compañía participen por voluntad propia en las tareas que a nosotros nos interesan: dándoles un premio. Si nosotros premiamos aquellos comportamientos que deseamos que se produzcan en nuestra organización habremos conseguido que se desarrolle un aprendizaje y, por lo tanto, un hábito que llevará al trabajador a la línea de pensamiento que a la empresa le interesa. El empleado sabrá que lo estamos manipulando para que haga lo que nosotros queremos, pero no sabrá que en realidad estamos produciendo una serie de cambios cerebrales que harán cambiar su comportamiento a largo plazo y de un modo inconsciente.

Si utilizamos la evidencia que nos aporta la neurociencia dejaremos de lado el empleo de castigos y las sanciones en las empresas, las cuales activan el sistema de aversión a la pérdida que veremos después y que no está tan relacionado con el aprendizaje. Si las autoridades supiesen el funcionamiento cerebral y de verdad quisiesen disminuir el número de accidentes de tráfico en lugar de sancionar de forma masiva con multas de tráfico darían una recompensa económica a todos aquellos conductores que no han sido multados a lo largo del año. Esta forma de actuar, que parece imposible en la Administración Pública, es relativamente sencilla desarrollarla en una empresa privada, en la que se pueden utilizar sistemas de incentivos de multitud de formas posibles que desarrollen un aprendizaje en los empleados que concuerde con la visión y los valores de la compañía.

Una de las eternas preguntas que nos hacemos es si el trabajo nos hace felices y si nuestros empleados se encontrarán cómodos trabajando en nuestra empresa. Para responder a estas preguntas son muy útiles los últimos estudios desarrollados por la neurociencia que afirman que cuando obtenemos algo por nosotros mismos y nos cuesta un gran esfuerzo disfrutamos más con ello. Según el estudio del doctor Ma, publicado en 2014, la consecución de recompensas activa más el sistema de recompensa cerebral si nos ha costado esfuerzo conseguirla. El estudio, que fue realizado mediante electroencefalografía, sugiere que el placer que obtiene un sujeto ante una determinada recompensa está en clara relación con la dificultad que nos ha costado conseguirla. Otro estudio realizado por nuestros vecinos alemanes en la misma línea sobre un total de 28 individuos, aunque esta vez con resonancia magnética cerebral funcional, apoya la misma idea. En este caso, se recompensaba a los individuos con determinadas cantidades de dinero tras realizar diferentes operaciones matemáticas que iban desde las más fáciles que no requerían esfuerzo ninguno hasta las más complejas que precisaban de un trabajo enorme. Los resultados mostraron que las áreas cerebrales encargadas de procesar la recompensa (sobre todo el núcleo accumbens) se activaban de forma marcada cuando la consecución de la misma se asociaba a un mayor esfuerzo para conseguirla. Estos resultados sugieren que evaluamos el resultado de una acción dependiendo del esfuerzo que hemos desarrollado y que el trabajo duro para conseguir una recompensa puede suponer para los seres humanos una fuente más de placer y de motivación.

Todos estos estudios apoyan la idea de que los gestores deben delegar ciertas responsabilidades en los empleados, potenciar el empoderamiento, conceder autonomía para que estos tomen sus decisiones, premiarlos y recompensarlos cuando lo hacen bien y evitar las sanciones cuando lo hacen mal.

2. El extraño caso del señor Phineas Gage

Phineas Gage supone uno de los primeros casos en los que la neurociencia pudo estudiar el funcionamiento del sistema de recompensa cerebral. Se trataba de un obrero de ferrocarriles americano que en 1848 se encontraba trabajando en una de las vías férreas más importantes del país. Su trabajo era llevar a cabo la técnica de barrenado, que consistía en hacer perforaciones en las rocas que debían ser eliminadas para que por allí pasase la vía. Este procedimiento consistía en realizar una perforación y después llenar el hueco de pólvora y arena para sellarla. Con posterioridad Gage apretaba esta mezcla fuertemente y varias veces con una barra de hierro y la prendía fuego, de tal modo que estallaba la roca y dejaba el terreno despejado para que se pudiesen seguir construyendo las vías de los trenes.

Un buen día, Gage se encontraba más distraído de lo normal, hablando con sus compañeros de trabajo y olvidó echar la arena antes de presionar con la barra de hierro, con la mala fortuna de que la fricción de esta dio lugar a una chispa que hizo prender la pólvora. La perforación actuó a modo de cañón y la barra de hierro salió disparada atravesando la cabeza de nuestro protagonista. Esta barra tenía unas dimensiones de 1,5 metros de largo, 3 centímetros de ancho y un peso de 6 kilos. Curiosamente Phineas no murió en el accidente y, de hecho, apenas le pasó nada. Varias semanas después, una vez cicatrizada la herida, intentó volver a su vida normal. Sin embargo, algo había sucedido: Phineas ya no era el respetado señor Gage. Al contrario de lo que había sido, ahora era irrespetuoso, era incapaz de razonar y de tomar decisiones, perdió varias veces todo su dinero, no podía mantener durante mucho tiempo su puesto de trabajo en ninguna de las empresas de la época y acabó trabajando en un circo exhibiendo su herida.

Muchos años después, a partir de su cráneo se reconstruyó la dirección que había seguido la barra de metal y qué zonas cerebrales había dañado. Mediante varias técnicas neurorradiológicas en tres dimensiones se comprobó que las áreas dañadas correspondían a las del sistema de recompensa cerebral, en concreto a la corteza prefrontal de ambos hemisferios cerebrales. Al tener estas zonas dañadas, el pobre señor Gage perdió su capacidad para tomar decisiones racionales, es decir, evaluar los pros y contras de las decisiones que debía tomar, por lo que ya no volvió a ser el mismo.

El caso de Phineas Gage supuso una revolución en el panorama de la neurociencia, convirtiéndole en un personaje famoso muchos años después de su muerte. En la actualidad, su cráneo y la barra de metal se conservan en la facultad de medicina de la Universidad de Harvard y es fácil adquirir camisetas por Internet con la reconstrucción de la barra de metal y su cráneo.

3. La región cerebral del «no»

Al igual que sucedía con el sistema de recompensa cerebral, existen determinadas regiones cerebrales que se van a activar cuando percibimos algo como peligroso o causante de una pérdida potencial. Su activación será la responsable de evitar que tomemos una decisión. Este conjunto de áreas cerebrales se llama «sistema de aversión a la pérdida» o «sistema de aversión al riesgo» y, a diferencia del sistema de recompensa cerebral, no tiene una definición anatómica tan detallada, aunque se conocen varias estructuras que participan como la ínsula o la amígdala cerebral.

El estudio del sistema de recompensa cerebral se definió sobre todo a través de la realización de tres estudios: el elaborado por Baba Shiv en 2005, el estudio de los monos capuchinos y el desarrollado mediante resonancia magnética cerebral.

El primero de ellos fue realizado por el doctor Baba Shiv, profesor de Marketing de la Universidad de Stanford quien realizó un experimento entre sujetos normales y otros que tenían lesiones en el sistema de aversión a la pérdida, en concreto en la ínsula y en la amígdala cerebral. Entre ellos se incluían personas con lesiones en estas estructuras, ya fueran tumores, infartos o hemorragias cerebrales. El experimento consistía en un juego de 20 rondas en cada una de las cuales a cada uno de los sujetos se les daba un dólar y estos podían elegir entre jugárselo o no. Si el participante decidía no jugarse el dólar se quedaba con él, mientras que si decidía jugárselo se lanzaba una moneda al aire y el resultado obtenido dependía de cómo cayese. Si salía cara, el participante perdía el dólar; mientras que si salía una cruz, el sujeto ganaba 2,5 dólares. De este modo sabemos que si optaban por quedarse con todos los dólares, y nunca jugárselos, ganarían un total de 20 dólares. Por su parte, si los participantes apostaban siempre, por un simple cálculo estadístico y de probabilidades, de las 20 rondas deberían acertar una media de 10, con lo que si multiplicamos este número por la ganancia de cada una de las veces que se acertaba se ganaría una media de 25 dólares. Vistos estos números, desde un punto de vista racional, parece lógico que el modo en el que estadísticamente se ganaba más dinero sería jugándose siempre el dólar en todas y cada una de las rondas.

Pues bien, dado que los sujetos no somos racionales en nuestras decisiones y nos dejamos guiar por las emociones ni los sujetos sanos ni aquellos que tenían lesiones cerebrales jugaron en todas las rondas, aunque sí que existieron claras diferencias entre ellos. Por un lado, los sujetos normales preferían jugarse su dólar en el 57,6% de los casos, porcentaje que descendía hasta 40,7% tras haber sufrido una inversión fallida. Con estas inversiones ganaban una media de 22,88 dólares. Por su parte, aquellos pacientes que presentaban lesiones cerebrales en el sistema de recompensa cerebral se jugaban su dólar en el 83,7% de las ocasiones, el porcentaje bajaba hasta el 82,5% de los casos tras sufrir una pérdida y ganaban de media 24,19 dólares, claramente más que los sujetos normales. Estos datos sorprendentes reflejaban que los sujetos con lesiones cerebrales ganaban más dinero que los que nos consideramos normales. Los *homo sapiens* que hemos desarrollado un cerebro para gobernar el mundo a la vez hemos creado una serie de estructuras que nos impiden pensar de forma racional y que limitan que ganemos dinero y estas son las que configuran el denominado sistema de aversión a la pérdida.

El segundo estudio es el denominado de los monos capuchinos. Estos monos se utilizan con frecuencia en investigación porque se separaron del *homo sapiens* hace muchos milenios y las estructuras que comparten pertenecen a las regiones más antiguas de nuestro cerebro, como es el caso de las estructuras del sistema de aversión a la pérdida. A estos monos se les educó para que fuesen capaces de comerciar con dos personas diferentes. Tenían una moneda y con ella podían elegir entre hacer negocios con la persona A, la cual les daba un plátano y después tenían un 50% de posibilidades de darles un plátano más; y la persona B, que les daba dos plátanos y luego tenían un 50% de posibilidades de quitarles uno de ellos. Este experimento se repitió numerosas veces hasta que los monos aprendieron que en ambos casos la media de plátanos que obtenían era de 1,5 y que no existía ninguna diferencia entre el número de premios que les daba cada uno de los comerciantes. Pero los monos tenían un claro comerciante favorito: preferían hacer negocios con la persona A en un 71% de las ocasiones y solo un 29% en el segundo caso. Nuestros primos en la evolución no querían saber nada de la segunda persona y no soportaban –como sucedería también en el caso de los humanos– que les quitasen un plátano una vez que se los habían dado. La diferencia en la forma de actuar en el cerebro no era la misma en los dos supuestos. En el primero de los casos solo se activaba el sistema de recompensa cerebral (con uno o con los dos plátanos) mientras que en el segundo caso primero se producía una recompensa y después una clara pérdida (nos quitaban una fruta) con lo que se activaba el sistema de aversión a la pérdida y todos los sentimientos negativos que de él se derivan, haciendo que los monos no quisiesen hacer negocios con el segundo comerciante.

Aunque nuestros clientes o empleados no son monos, sí que comparten numerosas estructuras cerebrales con ellos, sobre todo en lo concerniente al sistema de aversión a la pérdida, ya que son estructuras muy antiguas presentes en todos nosotros. Y de este experimento podemos extraer interesantes conclusiones prácticas como evitar dejar de dar un incentivo a un empleado al que se lo habíamos prometido o no cumplir lo que un cliente espera de nosotros. Por ejemplo, si un cliente no obtiene el típico regalo que acompaña al menú infantil en un restaurante de comida rápida cuando sí lo esperaba, puede provocar en él una reacción desmedida y absolutamente negativa, aunque en realidad no fuese a utilizar ese juguete y se desprendiese de él poco después de que fuese suyo. La culpa no sería en este caso del cliente, sino de las estructuras más antiguas de su cerebro que le activarían el sistema de aversión a la pérdida y crearían en él un sentimiento negativo que podría desencadenar una reacción drástica como no volver a utilizar nuestro establecimiento. Es más, ahora que habéis leído esto la culpa no sería del cliente sino vuestra, por no haber puesto el dichoso juguetito en el menú del cliente y haber desatado la caja de Pandora de su sistema de aversión a la pérdida.

El último de los experimentos que apoya la existencia del sistema de recompensa cerebral es el realizado con resonancia magnética funcional a unos sujetos mientras se les enseñaban productos que podrían comprar o no. En estos individuos la activación de unas u otras estructuras predecían qué opinaban sobre los productos que se les presentaban, varios segundos antes incluso de que el propio consumidor fuese consciente de ello. Cuando se les activaba el núcleo accumbens se indicaba una preferencia o interés del objeto por parte del potencial cliente y se adelantaba una posible compra. Cuando la región que se activaba era la corteza prefrontal el sujeto pensaba que el precio del mismo era lo suficientemente bajo y también predecía que quizás lo adquiriese. Por su parte, cuando se activaba la amígdala cerebral, el sujeto pensaba que la decisión de compra entrañaba algún tipo de riesgo, o una pérdida importante, con lo que el proceso de compra se detenía y el potencial cliente no adquiría el producto.

Se ha especulado en muchos libros de neuromarketing sobre la existencia de un determinado centro en el cerebro denominado punto S, cuya activación haría que el cliente adquiriese nuestro producto. Ese punto no se descubrirá en el futuro, sino que ya se ha descubierto y, de un modo más específico, consiste en la activación a la vez del núcleo accumbens y de la corteza prefrontal mientras que se mantiene inhibida la amígdala cerebral. Y una vez descubierto el famoso punto S, que obliga a los sujetos a aceptar determinadas decisiones, incluso cuando no son conscientes de ello, el siguiente paso de la neuroeconomía es activárselo sin que ellos sean conscientes de que esto se está haciendo, en definitiva, la manipulación de los individuos. Y, sorprendentemente, esto no es el futuro, sino que ya existen numerosos estudios para llevar esto a cabo, muchos de los cuales comentaremos con detalle a lo largo de este libro.

Uno de los comportamientos más emocionales de los seres humanos es nuestra irracional aversión a la pérdida. Existen numerosos ejemplos que nos dicen que así es. Por ejemplo, es fácil encontrar en la gente la idea de mantener su casa durante 20 años antes que venderla con una pequeña pérdida, ya que la adquirieron durante el *boom* inmobiliario y ahora han bajado los precios. La mayoría de los que compraron entonces prefieren conservar su vivienda durante un número indefinido de años, sin tener en cuenta otras pérdidas como la inflación, los gastos de mantenimiento, etc., a vender en el momento actual asumiendo una pérdida monetaria. La supresión de un incentivo o una bajada de sueldo en una empresa podrían causar un gran revuelo en la misma que la llevase al traste, mientras que una congelación de sueldo durante años con el mismo resultado de pérdida de poder adquisitivo quizás no haría moverse a nadie, ya que el cerebro no identificaría la pérdida en este segundo supuesto.

Ahora bien, ¿cómo es posible que determinadas personalidades como Bill Gates, Warren Buffett, Amancio Ortega o Carlos Slim puedan tomar decisiones tan racionales con sus inversiones y empresas? ¿Carecen de sistema de aversión a la pérdida o han aprendido a controlarlo? Sin duda, la neuroeconomía podrá responder a muchas de estas preguntas en un futuro cercano.

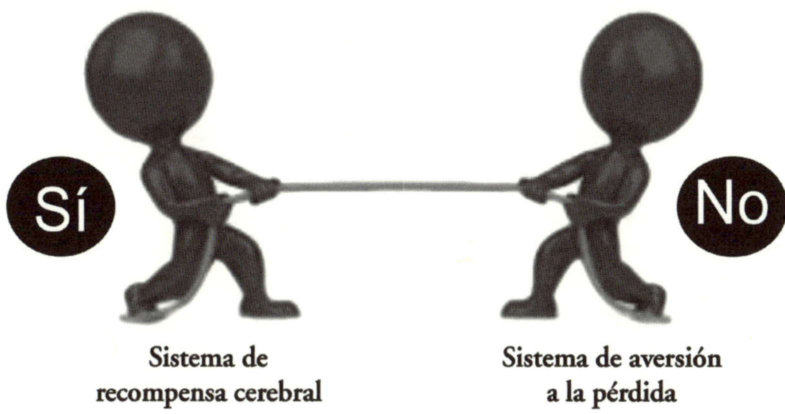

Nota: la decisión que tomemos dependerá de cuánto activemos la región del «sí» (sistema de recompensa cerebral), la región del «no» (sistema de aversión a la pérdida) y del equilibrio entre ambas.

4. En el equilibrio está la virtud

Una vez identificadas las regiones cerebrales que nos llevan a tomar una decisión (sistema de recompensa cerebral) y aquellas áreas que nos motivan a no tomarla (sistema de aversión a la pérdida), podemos afirmar que del equilibrio resultante nacerá la decisión que tomemos. Vamos a ver unos ejemplos muy simples:

- Si ofrecemos a un empleado un incentivo por no hacer nada, se le activará su sistema de recompensa cerebral y nada el de la aversión a la pérdida con lo que, lógicamente aceptará nuestra oferta.

- Un empleado no trabajará de forma gratuita ya que nada activará su sistema de recompensa y, sin embargo, sí que estará activado su sistema de aversión a la pérdida (horas que pierde, desembolso económico para trabajar más, etc.).

- Si ofrecemos a un empleado un incentivo por realizar determinadas tareas, la cuantía del incentivo va a activar el sistema de recompensa cerebral y la de las tareas va a activar la aversión a la pérdida de tal modo que lo que más pese determinará qué decisión tomará.

Para comprender los dos primeros casos no hace falta saber nada de neurociencia, solo tener un poco de sentido común, puesto que son casos muy extremos. Pero el tercer supuesto tiene un gran interés ya que la mayoría de los supuestos de la vida, y también de las empresas, se encuentran aquí. El sujeto tomará la decisión dependiendo de cuáles sean las recompensas y los riesgos de tal decisión, otorgando a cada una de ellas un determinado valor. El interés de la neuroeconomía radica en que de un modo inconsciente para el sujeto podemos modificar este equilibrio, haciéndolo más afín a nuestros intereses, manipulando de algún modo el libre albedrío y la libre capacidad de decisión del sujeto.

De las diferentes técnicas para lograr estos propósitos se hablará con detenimiento en los próximos capítulos y se aprenderá a utilizarlas para lograr nuestros propios intereses y los de nuestra empresa. En este punto no merece la pena pensar si te gusta este libro, si seguirás leyéndolo o no, ya que tu cerebro hace varios segundos que tomó la decisión. Si no he conseguido activar tu punto S, por activar tu amígdala, pensarás que la recompensa que obtendrás no merece la pena la pérdida que te ocasionará. Si, por el contrario, he conseguido activar tu punto de compra –expresado por la corteza prefrontal y el núcleo accumbens– seguirás leyéndolo, lo que significará que la recompensa que esperas adquirir (capacidad de influir en los demás y de mejorar la gestión de tu empresa) es superior a la pérdida de tiempo que esperas. No lo pienses más, tu cerebro ya hace mucho que tomó la decisión.

2

El efecto embellecedor de la cerveza y la gestión empresarial

«Para manipular eficazmente a la gente, es necesario
hacer creer a todos que nadie les manipula».

John Kenneth Galbraith

Si has decidido seguir leyendo hasta este capítulo ha sido porque lo que has visto hasta ahora ha activado más tu sistema de recompensa cerebral que el de aversión a la pérdida. Pero no creas que la decisión ha sido tan libre, ya que este equilibrio está manipulado por multitud de factores externos.

1. Paga la copa primero e intenta ligar después

Vamos a ver uno de los ejemplos más frecuentes de cómo se manipula nuestros sistema de toma de decisiones. Supongamos que hemos salido a tomar unas copas con unos amigos y entre las personas que no conocemos se encuentran algunas del sexo que a nosotros nos atrae. Nuestro cerebro valorará a cada una de ellas según sus atributos físicos y psicológicos y nos dirá si nos resultan atractivas o no. Es decir, algunos de esos atributos activarán el sistema de recompensa cerebral y otros el sistema de aversión a la pérdida y, del equilibrio resultante, obtendremos una opinión sobre cada una de esas personas. Si conforme pasa la noche comenzamos a beber una cantidad creciente de alcohol, esas personas comenzarán a parecernos más simpáticas, guapas, inteligentes y atractivas sexualmente. Es obvio que no son las que han cambiado, sino la percepción que nuestro cerebro crea sobre ellas.

Este fenómeno, que nos ha sucedido a todos en alguna discoteca a altas horas de la madrugada, tiene un amplio respaldo científico. Se ha comprobado que el alcohol es capaz de afectar nuestra capacidad para elegir pareja y para tomar decisiones racionales. El estudio desarrollado por el doctor Lyvers en 2011 incluyó a 80 estudiantes universitarios heterosexuales y se les pidió que valorasen el grado de atracción que les producía una serie de fotografías de mujeres. La atracción que experimentaron estaba directamente relacionada con el grado de alcohol en sangre. Este hecho parece estar en relación con la estimulación que produce el alcohol en el núcleo accumbens, estructura perteneciente al sistema de recompensa cerebral, lo cual supone un claro ejemplo de cómo podemos estar manipulados, en este caso por el alcohol, cuando tomamos decisiones de elección de pareja.

Este efecto, que se ha denominado «efecto embellecedor de la cerveza» o, de un modo más científico, efecto goggle, consiste en una preactivación mediante el alcohol del núcleo accumbens, y con él, de todo el sistema de recompensa cerebral, de tal modo que cuando le presentamos un segundo estímulo, en este caso una mujer, solemos activar más el sistema de recompensa cerebral de lo que correspondería, y por ello tendremos más posibilidades de tomar una decisión positiva hacia esa persona. Estos fenómenos no dejarían de ser una anécdota si no pudiésemos sustituir el alcohol por cualquier otro tipo de estímulo que sepamos que gusta a nuestro cliente o empleado, y manipularlo de la misma forma. Es decir, podemos cambiar el estímulo con el que estamos influyendo a una determinada persona por cualquiera que le guste (alcohol, dinero, comida, bebida, sexo, etc.), los cuales llamamos estímulos primarios, y de ese modo hacerle más proclive a que acepte una decisión, estímulo o producto de un modo más positivo a como le correspondería. En resumen, presentamos un estímulo primario que sabemos que gusta a nuestro cliente, y después presentamos un estímulo secundario que es el que a nosotros nos interesa que dicha persona acepte.

En todos estos casos estaremos actuando del mismo modo en el cerebro de nuestro cliente o empleado: ofreceremos un estímulo primario que sepamos que para él resulta atractivo, activaremos de esa forma su núcleo accumbens y su sistema de recompensa cerebral y facilitaremos que la próxima decisión que tome sea positiva, la cual haremos coincidir con la que a nosotros nos interesa. Esta técnica de manipulación es muy utilizada en el mundo empresarial y en el marketing. Vamos a ver algunos ejemplos:

- Seguro que somos capaces de recordar multitud de anuncios publicitarios que estimulan nuestro núcleo accumbens y nuestro sistema de recompensa cerebral haciendo una alusión al sexo y más tarde presentando el producto que quieren que nosotros adquiramos. Por ejemplo, numerosos anuncios de desodorante Axe son conocidos por intentar que compremos ciertos productos tras haber sido estimulados con conceptos sexuales y sugerentes mujeres, las ferias de ventas de vehículos utilizan guapas modelos colocadas de manera estratégica al lado de los coches que se quieren vender en primer lugar, enseñar el escote al jefe antes de hablar con él podrá hacer que cambie de decisión en determinados aspectos, guiñar el ojo a un compañero de trabajo antes de pedirle un favor, etc. Todas estas acciones preactivan nuestro sistema de recompensa cerebral y nos harán más susceptibles a aceptar una propuesta que quizás no hubiésemos admitido si no hubiésemos estado manipulados.

- Otra forma es mediante el instinto maternal o paternal ya que, por lo general, la presencia de niños es algo que nos provoca placer a la mayoría de seres humanos. De nuevo si existe, y somos manipulados mediante la presencia de algún niño, va a ser más fácil que cedamos en nuestras decisiones, por ello vamos a aceptar cambiar el turno de trabajo a nuestra compañera si nos dice que tiene que cuidar de su hijo, será más fácil que demos limosna a alguien que está siendo acompañado por su hijo o utilizarán imágenes de niños en numerosos anuncios publicitarios, como la compañía Iberia. Nuestro cerebro aceptará más esta empresa y responderemos mejor a sus retrasos y cancelaciones por el hecho de que se hayan presentado niños en sus anuncios publicitarios.

Nos gustará comprar más en locales que nos vendan la idea de que visitarles es una experiencia alegre como McDonald's o Ikea, que nos trasladan esta idea de felicidad en los colores amarillos o en el payaso Ronald McDonald. Aumentaremos las probabilidades de comprar un fondo bancario si el director de la sucursal nos invita a un café o un refresco antes de comentarnos sus particularidades, gastaremos más dinero en un casino si antes nos han ofrecido un refresco o, incluso, nos parecerá más atractiva nuestra pareja si acaba de heredar una fortuna de un tío desconocido.

El «efecto goggle» tiene una gran cantidad de aplicaciones tanto en el mundo empresarial como en el día a día de todos nosotros. De manera constante estamos tratando con otras personas y esta es una forma clara de manipulación que realizamos entre nosotros. Si trabajamos de un modo adecuado antes de pedirle vacaciones al jefe es más probable que acepte nuestra petición, si hemos tenido un detalle con los empleados podremos pedirles que se centren más en un proyecto determinado y nos será más fácil ligar en una discoteca si antes hemos invitado a la chica a tomar una copa. Las aplicaciones del efecto goggle son infinitas.

Todos estos ejemplos, tan diferentes entre sí, tienen una base común: mediante un estímulo, que sabemos que atrae a nuestros empleados o clientes, les estamos activando su sistema de recompensa cerebral, en concreto su núcleo accumbens, de manera que cuando les presentemos el estímulo secundario, nuestra marca o producto, será más fácil que consigamos desplazar el equilibrio entre el sistema de recompensa cerebral y el de aversión a la pérdida hacia el primero, y el sujeto estará manipulado de un modo inconsciente hacia una toma de decisión positiva que no tiene por qué ser necesariamente la que más le conviene.

En ocasiones ni siquiera somos conscientes del estímulo que nos está influyendo y nos está haciendo tomar decisiones en contra de nuestra voluntad. Estos estímulos inconscientes suponen la base de la publicidad subliminal. La presencia de hielos con forma de una figura femenina sobre una lata de Coca-Cola o una hoja de lechuga con forma de billete de dólar entre las hojas de lechuga de una hamburguesa de una conocida marca de comida rápida se han usado con este objetivo. Si unimos los iconos de la pantalla de inicio de Facebook formaremos la palabra *sex,* la misma que aparecen formando las nubes en algunos fotogramas de la película para niños *El rey león,* de Walt Disney. Todos estos estímulos no son utilizados de forma aleatoria, sino que están perfectamente estudiados para manipular a los clientes, de forma que consigamos que acepten mejor las decisiones que queremos que toman tras ser estimulados de un modo inconsciente.

Cuadro 2.1 Influencia mediante el efecto goggle en empleados y clientes

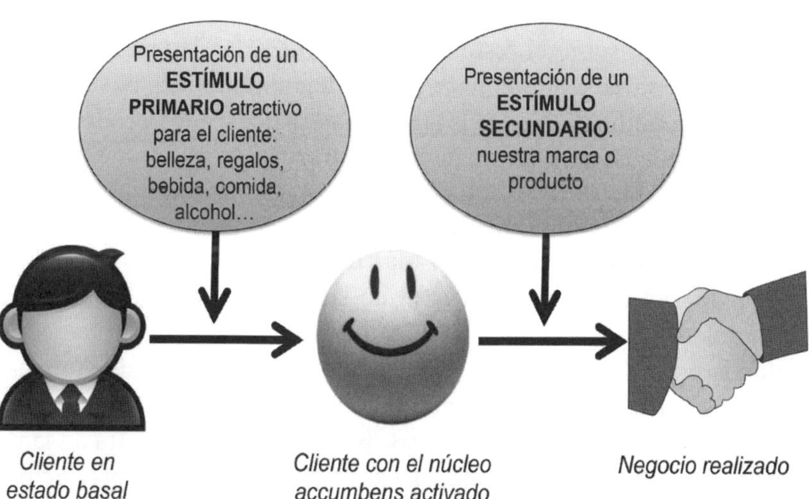

Nota: tras la presentación de un estímulo primario se activará el núcleo accumbens y, con él, todo el sistema de recompensa cerebral. Este será el momento idóneo para presentar la propuesta que a nosotros nos interesa porque es más probable que la acepte.

2. ¿Quién no querría trabajar para George Clooney?

Otra de las vertientes del efecto goggle es el denominado efecto halo, por el cual la gente atractiva tiende a ser percibida como más inteligente, exitosa y popular que el resto. El mecanismo por el que se produce este hecho es el mismo que el del efecto goggle, en el que la belleza actúa en este caso como estímulo primario, el cual va a manipular nuestro cerebro para activar el sistema de recompensa cerebral y hacernos más propicios a aceptar todo lo que procede de esa persona, ya sea el resto de sus atributos físicos o psicológicos, las marcas que anuncie o los proyectos que desarrolle en la empresa.

Por ello seremos más propicios a adquirir una determinada marca porque nos la presente una persona atractiva, como las cuchillas de afeitar o la ropa de diversas marchas que nos vende David Beckham, el perfume de Charlize Theron o la lencería de las chicas de Victoria's Secret. Los gestores de empresas deberían saber que tienen más probabilidad de verse influidos y de admitir un proyecto de una persona que, de entrada, tenga alguna característica positiva que predomine sobre el resto, como la belleza, la elegancia o la inteligencia, ya que tenderemos a juzgar de un modo más positivo de lo que deberíamos el resto de sus características y los productos o proyectos que desarrolle.

El efecto halo también justifica que personas que destacan en determinados aspectos sean utilizadas de forma recurrente en anuncios publicitarios o como imagen de las empresas. Así tenemos a numerosos futbolistas que anuncian maquinillas de afeitar, bancos, helados o incluso jamones; tenistas que son la imagen de compañías de seguros; o conocidos divulgadores científicos que anuncian pan de molde. En todos estos casos nuestro cerebro está trasladando la calidad de las actividades que desarrollan a los productos que publicitan con lo que nos estarán manipulando de nuevo de un modo subconsciente.

Algunas marcas utilizan el efecto halo para realizar su publicidad, siendo Apple la más conocida. En el año fiscal 2005, las ventas de esta marca aumentaron el 68% respecto al año anterior, mientras que las ganancias lo hicieron en más de un 300%. Esto lo consiguió centrando toda su publicidad en su producto estrella del momento, el iPod, aunque este solo supusiera el 39% de las ventas de la compañía. El 61% estaba constituido por otros productos como los ordenadores, el *software* y otros servicios, negocios que también aumentaron a pesar de no haber recibido ninguna partida económica extra para su publicidad. Este aumento de ventas se debe a que reconocíamos el iPod como un producto bueno, el cual daba lugar a un aumento exacerbado del circuito de recompensa cerebral cuando evaluábamos las características de otros productos de Apple, propiciando más compras.

La aplicación práctica del efecto halo es inmediata para las empresas. Si conseguimos que la imagen de nuestra compañía sea un producto o una persona con atributos positivos reconocidos, de manera automática las personas que juzguen nuestra empresa lo harán de un modo más positivo a como correspondería.

También existen casos contrarios, en los que por un atributo físico prejuzgamos a una persona y pensamos que es incapaz de realizar determinadas tareas que nada tienen que ver con su físico. Este es el denominado efecto antihalo o diablo. Un ejemplo claro lo protagonizó la concursante Susan Boyle en el programa *Britain's got talent,* en el cual su apariencia hizo presuponer al público y al jurado unas malas condiciones para otras aptitudes como, en este caso, la canción. Como gestores debemos ser capaces de extraer lo mejor de cada uno de nuestros empleados y no prejuzgar unas aptitudes por defectos físicos, la vestimenta o ser incapaces de responder en determinadas circunstancias, ya que los empleados con malas habilidades para ciertas tareas pueden ser los mejores para otras.

Los efectos halo y diablo también tienen un papel en nuestra capacidad para juzgar y reconocer de forma objetiva determinadas obras de nuestros empleados, rivales o clientes. Un ejemplo de este efecto diablo es la negativa de Occidente a reconocer los logros conseguidos en materia de sanidad por Hugo Chávez, dada la mala prensa que tenía en los países capitalistas este ex mandatario de Venezuela.

Ambos efectos pueden ser interpretados por diversos actores en el mismo sector. Por ejemplo, si queremos comprarnos cualquier artefacto tecnológico no tendremos la misma respuesta emocional si en la etiqueta encontramos *made in Germany* que si encontramos *made in China*. En el primer caso, estaremos ante un claro efecto halo ya que reconocemos los productos hechos en Alemania como de gran calidad, mientras que no pensamos lo mismo de los que se han manufacturado en China, sufriendo este segundo país, en este ejemplo, un claro efecto diablo. Lo que estará ocurriendo en nuestro cerebro es que los países que proyectan un efecto halo sobre sus productos conseguirán activar el núcleo accumbens de los potenciales consumidores, mientras que aquellos con una mala reputación proyectarán un efecto diablo sobre los suyos, lo que hará que se inhiba el núcleo accumbens de sus potenciales clientes y estos eviten adquirir sus productos.

La imagen de un país o de una empresa es importante para vender sus productos en un mercado cada día más competitivo y abierto, la cual tendrá una influencia directa sobre el cerebro de los clientes y les influirá en su toma de decisiones. De hecho, se está reconociendo cada vez más la imagen de un país en el exterior como reclamo para vender sus productos y se ha acuñado el término «marca país» para referirse al valor intangible de la reputación e imagen de marca que un país tiene en el extranjero. Una buena marca país es un valor añadido para los productos y trabajadores que proceden de ese país y se ha comprobado que influye en sectores como el turismo, la atracción de capital extranjero, la captación de mano de obra y la influencia política y cultural de dicho país en el resto del mundo. Cada día más países se dan cuenta de lo importante que es cuidar su imagen de marca en el mundo, sin percatarse de que en realidad se trata del efecto halo que proyecta el país y la estimulación del núcleo accumbens sobre clientes, trabajadores e inversores extranjeros que les manipula en su forma de tomar decisiones hacia los productos, las ofertas de trabajo o las influencias políticas que proceden de aquel país.

La marca país será muy importante para juzgar aquellos productos de los que conocemos muy poco. Por ejemplo, si recibimos un encargo de televisiones indias que hemos comprado a un proveedor que ya conocíamos con anterioridad, y que sabemos a ciencia cierta que son de gran calidad, el efecto marca país no nos va a afectar; mientras que si compramos a un proveedor distinto que no conocemos, la idea que tengamos de la India va a influirnos mucho en nuestra decisión de comprar o no. Desde una perspectiva cerebral, en el primer caso estamos consiguiendo tomar decisiones racionales mediante la activación de la corteza prefrontal; mientras que en el segundo, al no poder tomar decisiones racionales por desconocimiento del segundo proveedor, las decisiones estarán más influidas por las emociones y, ahora sí, la marca país tendrá un gran peso en la decisión que tomemos.

Como gestores debemos tener un especial cuidado en no prejuzgar a los trabajadores que tengamos en nuestra empresa por otras cualidades negativas que tengan o por el país de origen, ya que podríamos dejarnos influir por el efecto diablo de aquellas características o países que no nos influyen para potenciar y desarrollar nuestra empresa y ocasionar, de este modo, una pérdida de talento que no se produciría si hubiésemos tomado decisiones racionales y no emocionales.

Existen varias clasificaciones para medir la posición de las respectivas marcas país, ocupando los primeros puestos, en la mayoría de ellas, países como Suiza, Suecia, Canadá, Japón, Australia, Alemania, Estados Unidos o Reino Unido. España, a pesar de ocupar un buen puesto en esta clasificación, ha bajado en su imagen por el gran impacto de la crisis económica en nuestro país.

Si la marca país resume el sentimiento que despierta ese país en los inversores y clientes internacionales, la imagen de marca es el sentimiento que produce una empresa determinada y la imagen personal es la que desprendemos cada uno de nosotros, las cuales activarán o inhibirán el núcleo accumbens de los demás, dependiendo de si conseguimos proyectar un efecto halo o un efecto diablo, lo que hará que los demás tomen decisiones que nos favorezcan o perjudiquen.

Otro de los conceptos que influyen en la selección de productos de un país u otro es la animosidad, consistente en el rencor que existe hacia los productos de un determinado país por motivos históricos o culturales. Por ejemplo, los productos alemanes no eran muy apreciados en Europa tras la Segunda Guerra Mundial, los japoneses no son muy aceptados en China por la larga historia de conflictos entre las dos potencias, o los que tienen su origen en Escocia o Cataluña pueden mermar su capacidad de venta en Inglaterra o España si estas regiones consiguen su independencia. En estos casos cambiará nuestra percepción hacia los productos de esas regiones porque se propiciará el efecto diablo, además de estimularse una de las estructuras cerebrales correspondientes al sistema de aversión a la pérdida, la amígdala cerebral. Por todo ello, el equilibrio resultante se verá desplazado hacia la zona de aversión a la pérdida, propiciando que no aceptemos esos productos y, por tanto, haciendo que los consumamos menos.

Como gestores debemos evitar valorar a nuestros clientes y empleados por características ajenas a las que aportarán una ventaja a nuestra empresa. No debemos dejarnos guiar por lo elegantes o simpáticos que sean nuestros empleados, la belleza de nuestros clientes o la elegancia o fama de nuestros socios. Todos estos atributos solo facilitarán que tomemos decisiones emocionales, muy alejadas de los intereses de nuestros negocios.

3 | El cerebro social: nuestra tendencia a seguir a los demás

«Dar ejemplo no es la principal manera de influir
sobre los demás; es la única manera».

Albert Einstein

En este momento acabas de llegar al capítulo 3 del libro y te plan-
teas si merece la pena seguir leyéndolo o no; otra decisión que debes
tomar. Además de lo que te esté gustando, y de los conocimientos
que estés obteniendo para aplicarlos en tu empresa y en tu vida, hay
otros factores que influirán en la decisión que estás a punto de tomar
y uno de ellos es quién te ha recomendado el libro. Si lo has encontrado en una estantería de alguna librería pequeña y poco conocida
es posible que no tengas ningún interés especial, pero si han sido
varios compañeros los que te lo han recomendado te verás influido
para continuar leyéndolo ya que tenemos una tendencia innata a
seguir a los demás, la cual recibe el nombre en psicología de efecto
manada. Si, además, la persona que te ha recomendado leer este
libro es ese jefe guapo o el compañero exitoso que siempre acierta
con sus decisiones, estarás sometido a un claro efecto halo por el
que trasladas las características de esas dos personas a los atributos
del libro, afectando así tu capacidad racional para pensar si este
libro te está gustando o no.

El efecto manada es la tendencia que tenemos las personas de imitar a los demás. Estos comportamientos, que al principio fueron creados por nuestro cerebro primitivo para aumentar nuestras capacidades de supervivencia, explican una gran cantidad de conductas sociales en nuestros días, además de numerosos comportamientos de nuestros clientes y empleados. Pongamos un ejemplo para aclarar este concepto: imaginemos que estamos en el Paleolítico y que vamos en un grupo formado por poco más de una decena de humanos, de repente vemos que uno tras otro comienzan a correr de forma despavorida en la misma dirección y nosotros desconocemos el motivo. En ese momento nuestro cerebro prehistórico debe tomar una decisión y tiene dos formas para hacerlo. La primera sería utilizar la forma racional que nos llevaría a girarnos, visualizar la existencia de un león que nos está persiguiendo, analizar las probabilidades de riesgo –posibilidades de que nos atrape, estado físico del león, si ha comido o no en las últimas horas, etc.–, pensar cuál sería la mejor decisión que podríamos tomar (correr) y hacerlo. La segunda forma de enfocar el problema sería seguir la conducta de los demás y posteriormente preguntarnos por qué lo hemos hecho. De este modo lo único que nos podría ocurrir es que nos diésemos una carrera sin que fuese necesaria.

En aquella época en la que los depredadores acechaban en cada esquina era necesario que los grupos humanos contasen con un número, lo mayor posible, de ojos y de oídos para que nos percatásemos lo antes posible de los riesgos inherentes a ese momento histórico. Las decisiones que tomásemos eran poco importantes mientras siguiésemos al grupo, ya que este simple hecho aumentaba mucho nuestras opciones de continuar con vida. Sin embargo, en el momento histórico de nuestra sociedad imitar las conductas de los demás no va a aumentar nuestras posibilidades de sobrevivir, mientras que los movimientos de masas sociales sí que pueden suponer en sí mismos una amenaza para las bases económicas y políticas de nuestra sociedad.

Si hoy en día compramos una casa porque nuestros vecinos y amigos también lo han hecho no estaremos aumentando nuestras posibilidades de sobrevivir, sino de alimentar una burbuja económica que antes o después terminará por pincharse. En 2007 en España se decía que los productos inmobiliarios nunca bajarían, que la vivienda era una gran inversión y que siempre era mejor comprar que alquilar. Estos conceptos que parecían exentos de riesgo ya habían estado presentes en otros momentos como la burbuja inmobiliaria japonesa, muchos años antes, de la cual no fuimos capaces de aprender. En esta burbuja y muchas otras existen comportamientos de imitación, en los cuales reproducimos acciones y actitudes sin pensar, solo por el hecho de que lo han hecho otros con anterioridad. Para nuestro cerebro es mucho más sencillo imitar comportamientos que crearlos nuevos, al igual que para nuestra supervivencia en el Paleolítico. Sin embargo, esto no es igual de beneficioso para nuestra cartera o empresa en la sociedad del siglo XXI.

Si el ejemplo de la vivienda es difícil de comprender porque todos tenemos grabado lo importante que es en nuestra economía y para nuestra propia supervivencia al tener una utilidad práctica, pondremos otros ejemplos. Repasando otras burbujas vemos que el ser humano ha desarrollado comportamientos absurdos por imitar a los demás y adquirir determinados productos que poco tienen que ver a priori con su utilidad básica, como acciones de empresas tecnológicas (burbuja «punto com» de principios del siglo XXI), bulbos de tulipán (crisis de los tulipanes de Holanda del siglo XVII) o *bitcoins*.

En el mundo empresarial también se producen estos movimientos de masas y es normal que una idea o concepto se propague entre los empleados y pueda llegar a poner en peligro a la compañía. Si queremos trasladar un modo de actuar a nuestros empleados y nos damos de bruces con una resistencia por su parte, por falta de aceptación, debemos tener en cuenta que si comenzamos con los más débiles, los más manipulables, estos conseguirán transmitir la idea a otros de la empresa, haciendo que poco a poco esa idea se vaya expandiendo y se termine viendo como normal por aquellos empleados que al principio estaban enfrentados. Esta sería una forma de utilizar la neurociencia para evitar la confrontación directa y que seamos nosotros los que atraemos a los rivales. Como dijo Sun Tzu en *El arte de la guerra:* «los buenos guerreros hacen que los adversarios vengan a ellos, y de ningún modo se dejan atraer fuera de su fortaleza».

Desde el punto de vista neurológico existen tres estructuras diferentes que tienen un papel clave en la reproducción de las conductas de los demás, cada una de ellas con sus peculiaridades:

- Las neuronas en espejo son un grupo de células que se activan cuando observamos una determinada actividad en otro individuo o cuando hacemos algo que estamos observando en otro. Estas neuronas se encuentran muy distribuidas en varias regiones cerebrales y son propias de los seres humanos y de los grandes simios. Se han descrito numerosas conductas en animales que tienen que ver con la imitación. Por ejemplo, cuando sacamos la lengua a un mono de pocos días de vida o sonreímos a una cría será muy probable que nos devuelva el gesto, sin que el animal sepa si esta acción tiene algún significado. Los bebés adquieren la sonrisa social a los tres meses, y en muchas ocasiones nos regalan su sonrisa en respuesta a una nuestra, por lo que parece ser que estas neuronas tienen un papel importante en la adquisición de los comportamientos sociales desde la más temprana edad y que además están relacionadas con el aprendizaje. Una de las zonas donde se han evidenciado estas neuronas es la corteza cingulada anterior, una zona perteneciente al sistema de recompensa cerebral, lo que posiblemente esté relacionado con que las actividades que activan a las neuronas en espejo también lo hagan con el sistema de recompensa cerebral. La importancia de este tipo de neuronas es tal que sus descubridores recibieron el premio Príncipe de Asturias de Investigación Científica y Técnica en 2011.

- La amígdala cerebral es una estructura perteneciente al sistema de aversión a la pérdida y está implicada en el procesamiento de emociones negativas y del dolor. En definitiva, es la zona del cerebro que nos dice que el dolor que sentimos es algo negativo y que debe ser evitado. Además, se encuentra en áreas del cerebro muy antiguas (en el llamado cerebro reptiliano) y está relacionada con la supervivencia. Existen pacientes con lesiones en esta área del cerebro que son capaces de sentir el dolor, pero no perciben ninguna emoción negativa asociada, es decir, no les importa. Pues bien, esta región cerebral también se activa cuando tomamos decisiones contrarias a las del grupo. Si todos nuestros compañeros de trabajo acuden un día con una camisa amarilla y yo no lo hago por el motivo que sea, mi amígdala cerebral comenzará a activarse por actuar en contra del grupo y mi cerebro creará una sensación negativa que tenderemos a evitar la próxima vez, rehuyendo las conductas que nos discriminen. Esta misma zona cerebral tenderá a activarse ante cualquier situación que incluya a un grupo de seres humanos actuando en la misma dirección, ya sea comprando viviendas para especular con ellas, *bitcoins,* acciones de compañías tecnológicas o bulbos de tulipán.

- La ínsula cerebral es otra región perteneciente al sistema de aversión a la pérdida, por lo que evitaremos las acciones que tiendan a activarla. Pero existe una clara diferencia respecto a la amígdala. A diferencia de esta, la ínsula no se activa cuando tomamos decisiones contrarias a las del grupo, sino cuando estas decisiones no son aceptadas por el grupo al que pertenecemos, como la pornografía, el abuso infantil o el maltrato. Aunque las acciones que son aceptadas o no por los grupos poblacionales pueden cambiar con el paso del tiempo. Por ejemplo, la homosexualidad es hoy completamente aceptada por la sociedad cuando no lo era así en las décadas pasadas, mientras que la contaminación ambiental sí lo era el siglo pasado y cada vez está socialmente peor considerada.

Por lo tanto, y volviendo a nuestro equilibrio entre el sistema de recompensa cerebral y de aversión a la pérdida, tenderemos a reproducir las acciones que vemos en los demás porque aumentarán nuestro sistema de recompensa cerebral a través de las neuronas en espejo y a su vez, bloquearán la activación de centros cerebrales implicados en el procesamiento del dolor y en el desarrollo de emociones negativas como la amígdala y la ínsula.

Cuando tratemos con nuestros clientes y empleados podemos aprovechar estas tendencias de comportamiento para forzar conductas que favorezcan a nuestra empresa, como asociar ideas socialmente rechazadas a aquellas conductas que perjudiquen a los intereses de nuestra compañía, o comenzar forzando el comportamiento de los empleados más manipulables para conseguir un posterior movimiento en masa del resto de los trabajadores hacia las posiciones ideológicas que nos son más favorables.

Sin embargo, nuestro grado de sociabilidad también está sesgado por multitud de factores como enfermedades neurológicas, psiquiátricas, fármacos o simplemente la dieta. Una de las moléculas que está relacionada con nuestro grado de sociabilidad es la denominada serotonina, un neurotransmisor cerebral que está implicado en algunos circuitos relacionados con el comportamiento. Esta molécula parece estar relacionada con la adquisición de los comportamientos sociales y de grupo y su déficit da lugar a personalidades asociales que no se dejan influenciar por los demás. En caso de que tengamos una personalidad claramente asocial deberíamos vigilar nuestra dieta.

La serotonina procede de otra molécula que se denomina triptófano, la cual está presente en la dieta en cantidades suficientes como para evitar su carencia. Sin embargo, en algunas transgresiones dietéticas extremas y en alteraciones de absorción se puede observar este déficit. Estos sujetos con déficit de triptófano, y por lo tanto de serotonina, tienen mayores comportamientos antisociales y premian los intereses individuales frente a los del grupo. Además se observa mediante resonancia magnética cerebral que algunas regiones cerebrales descienden en su nivel de activación como la corteza orbitofrontal, estructura relacionada con las decisiones racionales. Algunas enfermedades como la esquizofrenia están relacionadas con alteraciones en este neurotransmisor.

Conociendo las decisiones que nuestro cerebro tiende a tomar y cuáles prefiere evitar, sabemos que nuestros clientes o empleados tenderán a hacer lo que hacen los demás y preferirán evitar aquellos comportamientos no aceptados socialmente.

Los publicistas tienen muy claro nuestra tendencia a seguir a los demás y a pertenecer a grupos y esto se utiliza mucho en marketing. Numerosos anuncios publicitarios usan expresiones que hacen referencia a estas formaciones de grupo. Por ejemplo, la publicidad «únete a Bwin» o «únete a Facebook» hace alusión a la pertenencia a un grupo. Los fenómenos de identificación también son muy utilizados como, por ejemplo, «soy médico. Soy de AMYTS». Los partidos políticos conocen a la perfección esta tendencia a unirse a grupos y seguir a los demás y existen numerosos ejemplos del estilo: «súmate al cambio», utilizado por el Partido Popular; «lo que nos une», usado por Unión, Progreso y Democracia; o «únete a la Izquierda», de Izquierda Unida.

La publicidad que encontramos en algunas agencias inmobiliarias indicando los pisos que están vendidos solo tienen la intención de llevarnos a imitar la conducta de aquella persona que consiguió vender el piso: contratar a la misma agencia inmobiliaria que vendió el piso.

Algunas formas de marketing se basan solo en las conductas de imitación y el seguimiento de los demás. Por ejemplo, hasta la salida del iPod los auriculares solían ser de color negro. Sin embargo, Apple consiguió asociar el color blanco a sus auriculares y llegarlos a poner de moda. Esto actuó como un efecto manada de pertenencia al grupo Apple, forzando las ventas de la compañía.

Cuadro 3.1 Mecanismos fisiológicos que explican el efecto manada

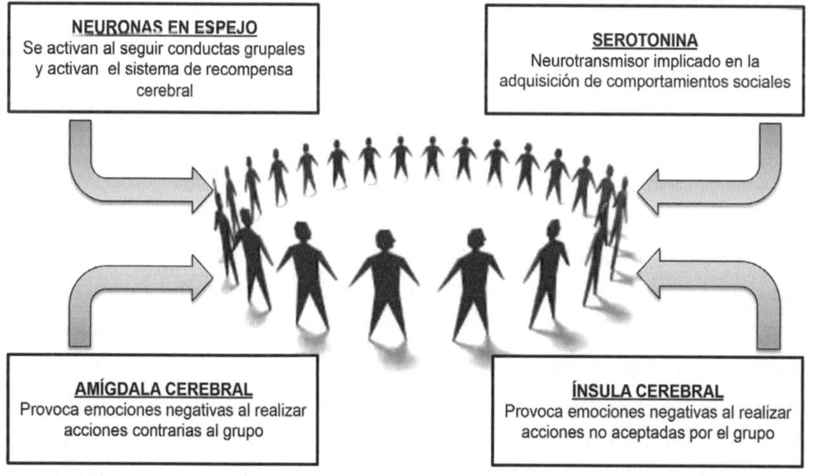

Los seres humanos tenemos una tendencia innata a ayudarnos entre sí como otro de los mecanismos de defensa más complejos para potenciar nuestras posibilidades de supervivencia como especie. De hecho, ayudar a los demás activa directamente nuestras áreas de recompensa cerebrales y nos produce placer en cierto sentido. Como gestores tenemos que tener en cuenta que una de las formas de satisfacer a nuestros clientes o empleados sería simplemente transmitirles la idea de que están ayudando a otros ya que, de esa forma, les estaremos estimulando las mismas regiones cerebrales que se activan cuando les aumentamos el sueldo, les damos horas libres o les estamos premiando de cualquier otra manera. De este modo, de nuevo estaremos manipulando y haciendo que tomen las decisiones nos interesan.

Un reciente estudio evidenció los cambios cerebrales que se producen en mujeres cuyos maridos están siendo sometidos a pequeñas descargas eléctricas. Se demostró que se producía una activación de la ínsula, relacionada con las emociones negativas, cada vez que el marido sufría una descarga eléctrica, mientras que esta activación disminuía y se activaba el sistema de recompensa cerebral cuando se les permitía ayudar de algún modo a su marido y evitar que recibiese las descargas. Tenemos que tener en cuenta que nuestros clientes o empleados tendrán una mayor tendencia a realizar aquellas acciones que asocien una ayuda a los demás. Por ejemplo, los publicistas saben perfectamente que añadir la coletilla «comercio justo» aumenta el consumo de determinados productos.

1. ¿Nos vuelven locos nuestras parejas?

Aunque los seres humanos tendemos a agruparnos, y a tratarnos bien, existen ciertas personas que son especialmente importantes para nosotros, y una de ellas es sin duda nuestra pareja. Es lógico preguntarse que si nuestro papel en la naturaleza es reproducirnos (sobre todo los hombres), por qué tendemos a unirnos en familias y ser monógamos. Si la monogamia es costosa para los hombres, debe existir una serie de mecanismos cerebrales que activen el sistema de recompensa cerebral para que decidamos mantenerla y no continuar buscando nuevas parejas una vez hemos formado una familia.

Existe una sustancia denominada oxitocina, a la que también se le llama «hormona del amor», que contribuye a reforzar las uniones familiares y que nos hace percibir a nuestra pareja femenina como más atractiva y valiosa que otras mujeres, reforzando los lazos románticos de la relación. También se le ha dado el nombre de «molécula de la moral», por ser la fuente del amor y de la prosperidad.

La oxitocina, que se libera en nuestro cerebro cada vez que vemos a nuestra pareja y no ocurre con otras mujeres, por muy guapas que sean, es capaz de activar el núcleo accumbens y con él el sistema de recompensa cerebral, nos provocará placer cada vez que estemos con nuestra pareja y no con otras mujeres. Se trata de una hormona específica de pareja y no de familiaridad, ya que no se aumenta con las potenciales parejas surgidas de otro tipo de relaciones como las laborales o las amistades.

Existen varios estudios que apoyan estos conceptos. Se ha comprobado que los hombres experimentan una mayor activación en las regiones de recompensa cerebral cuando ven la cara de sus compañeras que cuando ven a otras mujeres. Además las calificaron como más atractivas que al resto. El efecto en el cerebro es similar al que producen otras drogas de abuso, explicaría por qué los hombres se sienten motivados a permanecer en una relación monógama a pesar de su coste y también la sensación de anhelo y de pérdida que sienten muchas personas después de una relación rota.

La oxitocina parece estar detrás de la confianza que tenemos en el resto de los seres humanos, fomenta los vínculos afectivos y actúa como una especie de pegamento social que nos invitaría a ser más sociables y mejorar nuestras relaciones humanas. Esta hormona se dispara en los padres tras el nacimiento de los hijos y explica el apego y el amor incondicional de los padres hacia su «prole». Se ha sugerido que si pudiésemos llegar a manipular estos niveles hormonales se podría llegar a vaciar los centros penitenciarios.

Pero los experimentos con esta hormona van más allá y se ha comprobado qué sucede cuando se administra de forma experimental en humanos. Se ha comprobado que aumenta el deseo por cualquier pareja, ya no se necesita que sea nuestra pareja la que nos aumente la oxitocina puesto que la tenemos aumentada de forma artificial. Se ha demostrado que esta sustancia puede llegar a provocar incluso erecciones.

Aunque aún faltan estudios para saber la aplicación práctica y obtener conclusiones sobre la concentración de esta sustancia en algunos grupos de población, como los casados, parece ser que mayores niveles de esta hormona aumentan la confianza, incrementando las compras y la inversión, además de que estos sujetos estarían sometidos a una mayor influencia por las opiniones de sus familiares y, en especial, de su pareja.

4

Neuroanatomía básica y teorías psicológicas del funcionamiento cerebral en economía

«El cerebro es mi segundo órgano en importancia».

Woody Allen

Hablar de la anatomía del cerebro es hablar de cómo funciona la estructura más compleja del universo conocido, y tomar decisiones económicas es una de las funciones más difíciles que realiza. No solamente hay que tener en cuenta los 100.000 millones de neuronas que lo conforman, y las 10.000 conexiones que tiene cada una de ellas, sino las diferentes moléculas que participan en las relaciones entre ellas y las demás células que no son neuronas, y que cada vez se sabe más que tienen un papel en la transmisión de información. Esta cantidad de neuronas es similar al del número de estrellas que tiene una galaxia como la Vía Láctea, aunque no es exactamente la misma en todas las personas, ni permanece inalterada a lo largo de toda la vida. A partir de los 30 años se mueren unas 100.000 neuronas diarias y se pierden alrededor de 2-3 gramos de peso del cerebro al año, siendo aún peor a partir de los 60 años. El cerebro está permanentemente activado, alcanza unos 20 vatios de potencia (equivalente a una lámpara pequeña) y algunos estudios dicen que podría llegar a almacenar 1.000 terabytes de información.

Hasta un período reciente no hemos tenido la oportunidad de visualizar directamente el cerebro humano, con lo que se han desarrollado una gran cantidad de teorías psicológicas para explicar su funcionamiento. Muchas de ellas han quedado obsoletas al ser superadas por los últimos avances científicos, a pesar de lo cual siguen teniendo un gran interés para explicar las conductas de los trabajadores.

1. La evolución y la teoría del cerebro triuno

La increíble estructura que es el cerebro se ha desarrollado a lo largo de los milenios para garantizar la supervivencia de los seres humanos. Este proceso ha dado lugar a automatismos, comportamientos y respuestas a estímulos que pueden parecernos absurdas y sin sentido en nuestro siglo XXI, pero con un gran interés para evitar que nuestros ancestros cayesen en las garras de los depredadores. Sin embargo, no todas las estructuras cerebrales tienen la misma antigüedad ni están sometidas a los mismos automatismos. De este modo, se conoce que las estructuras más antiguas son las que se dedican a los procesos más automáticos, mantienen las constantes vitales como la temperatura, la presión arterial o la frecuencia cardíaca; mientras que las más modernas se encargan de darnos consciencia de nosotros mismos, tomar decisiones complejas y hacernos, en definitiva, humanos.

Los diferentes pasos de la evolución han ido dejando su rastro en el cerebro moderno de los seres humanos y, las diferentes etapas de la evolución se han agrupado en diversas regiones que se denominan cerebro reptiliano, sistema límbico y neocorteza. Este modelo fue propuesto por el neurocientífico Paul MacLean y hace referencia a la evolución del cerebro y en cómo estas diferentes regiones producen los distintos comportamientos en los vertebrados.

Estos conceptos han recibido el nombre de teoría del cerebro triuno, la cual se basa en la idea de que el cerebro se compone del complejo reptiliano, productor de las respuestas más básicas y automáticas y ya presente en los reptiles; el sistema límbico, relacionado con decisiones emocionales y propio de los primeros mamíferos; y la neocorteza, encargada de las decisiones racionales y presente solo en los mamíferos más evolucionados como los seres humanos y algunos primates.

Aunque la hipótesis del cerebro triuno ha tenido una gran repercusión en los medios de comunicación, en el público en general, y son numerosos los psicólogos que aplican sus ideas a la gestión empresarial y a la economía, no está respaldada por la mayoría de los neurocientíficos y es una de las teorías de la neuroeconomía con menor apoyo por parte de los conocimientos de neurociencia básica. Esta hipótesis se hizo familiar para el público a través de la gran repercusión del libro de Carl Sagan, *Los dragones del Edén,* publicado en 1977, con el que consiguió el premio Pulitzer.

Según la teoría del cerebro triuno, este se divide en tres partes:

- El cerebro reptiliano, que también recibe el nombre de «complejo R», está compuesto por algunas de las estructuras más antiguas del desarrollo, como los llamados núcleos basales, las cuales parecen dominar el comportamiento de los animales desde el punto de vista evolutivo menos desarrollados, como son los reptiles y las aves. Parecen estar en relación con comportamientos instintivos como las conductas destinadas a atraer a la pareja, la dominancia, la agresividad o la territorialidad.

- El sistema límbico consiste en una región más evolucionada que el reptiliano y sería propio de los mamíferos antiguos, motivo por el que también se le ha dado el nombre de «cerebro paleomamífero». En él se encuentran muchas estructuras que participan en las respuestas emocionales y primitivas: amígdala, ínsula, hipotálamo, hipocampo, corteza cingulada, etc. El cerebro paleomamífero se encargaría de las conductas que están relacionadas con emociones y motivaciones como la alimentación, el comportamiento parental o el comportamiento reproductivo. Según la teoría del cerebro triuno muchas de estas estructuras participan hoy en día en las decisiones que tomamos los seres humanos y pueden interferir en nuestro comportamiento racional.

- La neocorteza supone la estructura más evolucionada y solo estaría presente en los humanos y en los grandes simios. Sería la parte del cerebro que está implicada en la toma de decisiones racionales. La estructura que más vamos a comentar en este libro, y que formaría parte de la neocorteza, es la corteza prefrontal, área de sistema nervioso perteneciente al sistema de recompensa cerebral. Como se supone que la neocorteza es la última parte de la evolución y solo es propia de los mamíferos más modernos, esta estructura también se ha llamado complejo neomamífero.

Aunque la teoría del cerebro triuno está muy difundida y no es difícil que se hable de ella en foros de neuroeconomía (sobre todo cuando falla la formación en neurociencia), lo cierto es que cada vez tiene un mayor número de detractores, entre ellos quien escribe este libro. En los últimos años el número de publicaciones sobre sus contradicciones no para de ascender y sus bases científicas son menores cada día. Estas serían las contradicciones más frecuentes:

- Los ganglios basales constituyen una de las estructuras más importantes del cerebro reptiliano por estar implicadas en las conductas más automáticas. Pues bien, representan una proporción mucho más pequeña en el cerebro de los reptiles y las aves de lo que se esperaba. Esto nos hace plantearnos que si la parte del cerebro reptiliano en los reptiles no es tan grande como se pensaba, los comportamientos automáticos deben estar controlados de otro modo.

- Se ha comprobado que algunos tipos de aves, que tendrían un origen similar al de los reptiles, son capaces de realizar comportamientos que requieren sofisticadas habilidades cognitivas. Entre ellas estarían la creación de algunos tipos de herramientas muy rudimentarias, como hacen los cuervos de Nueva Caledonia, la formación de nidos o, incluso, el desarrollo de habilidades que remedan al lenguaje, propias de los loros o los papagayos.

- Se ha demostrado que algunas estructuras del sistema límbico, las cuales según esta teoría aparecen en los mamíferos primitivos, existen en otros tipos de vertebrados inferiores, con lo que deberían haber aparecido antes en la evolución. Lo mismo sucede con algunas estructuras propias del cerebro reptiliano que también se han encontrado en peces. En la misma línea, algunas estructuras propias de la neocorteza también se han visto en algunos mamíferos inferiores.

Por todo ello, y a pesar de su importancia histórica, la teoría del cerebro triuno va siendo poco a poco desbancada. Sin embargo, dado que no hay reunión de neuroeconomistas que se precie en la que esta teoría no se nombre, es importante conocerla. Los últimos avances de la neurociencia no tardarán mucho en superar esta teoría. Las teorías psicológicas que intentan explicar el comportamiento de los consumidores y empleados mediante las conductas de los animales inferiores, no pueden competir con la utilidad de la resonancia magnética. En la actualidad ya no elucubramos sobre qué zonas del cerebro se activan cuando tomamos una decisión, simplemente las vemos.

2. ¿Eres de hemisferio derecho o izquierdo?

Otra de las teorías psicológicas que ha llegado a los foros empresariales, y tampoco tiene base científica, es la llamada hemisferología, que clasifica a las personas según predomine en ellas la actividad del hemisferio derecho o del izquierdo. En algunos casos se llega a hablar incluso de cerebro derecho y cerebro izquierdo, en lugar de hemisferios, como si los seres humanos tuviesen dos cerebros.

Esta teoría se basa en que algunas funciones del cerebro se encuentran localizadas en una región cerebral concreta. Por ejemplo, es bien sabido que la zona del lenguaje, la denominada área de Broca, se localiza sobre todo en el hemisferio izquierdo. Así sucede con las regiones implicadas en el cálculo, el reconocimiento del lenguaje (área de Wernicke), la información lógica, la memoria verbal, la organización de la sintaxis o la planificación. Por su parte, el hemisferio derecho está más relacionado con las facultades no verbales, la integración de los sentimientos en las percepciones, las habilidades artísticas y musicales.

Esta información científica ha llegado a la cultura popular completamente tergiversada. De este modo no es raro que se oigan expresiones del tipo «yo soy de hemisferio izquierdo» o «mi mujer es de hemisferio derecho» dependiendo de qué habilidades tengamos. Así, a los científicos se les ha relacionado con el izquierdo y a los artistas con el derecho y, lo que es peor, se han desarrollado multitud de cursos, grados de máster y diplomaturas para favorecer el desarrollo de uno u otro lóbulo cerebral. Estas ideas, con las que algunos que se autoproclaman neuroeconomistas intentan vender un aumento de productividad a las empresas, rozan el absurdo desde el punto de vista de la neurociencia básica. Más aún, los mitos han ido más allá y se ha llegado a lanzar la hipótesis de que los occidentales utilizan más la mitad izquierda de sus cerebros y los orientales derecha. Se ha llegado a confundir la dominancia hemisférica con los tipos de personalidad y se han realizado incluso cursos orientados a personas que sean de un hemisferio cerebral concreto. Por ejemplo, los textos que estaban destinados a personas de dominancia izquierda estaban compuestos sobre todo por textos, mientras que los que iban orientados a aquellas que trabajaban más con el hemisferio derecho tenían un mayor número de imágenes al considerarlos más visuales y artísticos.

Lo cierto es que, a diferencia de lo que la mayoría de la gente cree, no existe ninguna evidencia científica para catalogar a una persona como perteneciente al hemisferio cerebral derecho o izquierdo. A pesar de que algunas personas tienen más desarrolladas unas habilidades que otras, estas no deben pertenecer en su conjunto al hemisferio derecho o al izquierdo.

La verdad es que cada vez hay más evidencias a favor de que los hemisferios cerebrales están interconectados para la mayoría de las funciones que realizan. Como sucedía con la teoría del cerebro triuno, los resultados que aportan las pruebas de resonancia magnética están desplazando las teorías psicológicas y las creencias populares. Ahora no debatimos sobre qué zonas cerebrales se activarán cuando realizamos una función determinada, sino que simplemente las vemos. En los últimos años se acumulan las evidencias en contra de estas teorías. Por ejemplo, se sabe que los dos hemisferios se activan cuando identificamos números arábigos, con lo que el hemisferio derecho también participa en el cálculo, el cual se pensaba que estaba restringido al hemisferio izquierdo. Esto mismo se ha comprobado para otras funciones que se creía que tenían una localización unilateral como el hecho de descodificar palabras, la aritmética o la lectura. Del mismo modo, tampoco parece que el procesamiento de las emociones, la creatividad, la razón o la lógica dependan de un hemisferio determinado.

El hecho de que la mayoría de las tareas se localicen predominantemente en uno de los dos hemisferios pero se requiera la participación del otro, invalida los conceptos de cerebro derecho y cerebro izquierdo, por lo que pierde el interés de intentar categorizar a las personas dependiendo de cuál de los dos utilicen más. El cerebro es un sistema altamente integrado, ambos hemisferios cerebrales están intercomunicados y no trabajan de manera individual.

3. El cerebro de Albert Einstein

Una de las dudas que nos quedan por aclarar es dónde radica la inteligencia humana. Al principio se pensaba que estaba en relación con el tamaño del cerebro, aunque esta teoría ha quedado desterrada. Se sabe que pesa entre 1,2 y 1,5 kilogramos, aunque el cerebro de mayor tamaño del que se tiene evidencia llegó a pesar 2,2 kilogramos, siendo su propietario una persona con deficiencia mental.

Si queremos estudiar el cerebro, cuyo dueño sepamos sin lugar a duda que se trata de un individuo con gran inteligencia, lo mejor es irse directamente al cerebro de Albert Einstein, considerado como el mejor científico de toda la historia. Tras su muerte en 1950, el cerebro de Einstein fue salvado de la incineración y estudiado por el patólogo Thomas Harvey en contra de lo que se había comunicado a su familia. Los problemas legales hicieron que los resultados no fueran publicados hasta 1985.

A diferencia de lo que creen muchos profanos en la materia, la inteligencia de Einstein no radicaba en un mayor tamaño de su cerebro, que resultó pesar 170 gramos menos que la media, sino en la gran complejidad de sus conexiones. Existía un número mayor de células gliales –un tipo de células que se encarga de favorecer la conectividad entre las neuronas–, de tal forma que la comunicación entre ellas era más fácil que para el ser humano medio, la información viajaba más rápido y eso se asociaba con una mayor capacidad cognitiva.

Además, no solo existía un mayor número de neuronas, sino que los cambios cerebrales estaban focalizados en una región concreta: la región parietal inferior, relacionada con las capacidades matemática y espacial, que tenía hasta un 15% más tamaño y carecía de una cisura típica en esa área. Por todo ello, se ha sugerido que el secreto de la inteligencia no radica en el tamaño del cerebro o en el peso o volumen del mismo, sino en su complejidad, en concreto en el número de neuronas y conexiones de las que dispone y que favorecen la conectividad entre las diferentes regiones del sistema nervioso.

Otra de las teorías que tratan de explicar las diferentes inteligencias de los seres humanos es aquella que afirma que solo utilizamos un pequeño porcentaje del cerebro. Una vez más la neurociencia ha demostrado que esta teoría también es falsa. Los humanos desarrollamos enfermedades como el alzhéimer o el párkinson al perder un pequeño porcentaje de neuronas, lo que destierra la idea de que tenemos una cantidad importante que no utilizamos y que está ahí para que, en algún momento, aprendamos a utilizarla.

4. ¿Existen las inteligencias múltiples? ¿Qué es la inteligencia emocional?

Un concepto que ha cobrado especial interés en los últimos años es la idea de que podamos tener distintas inteligencias, planteándose incluso la posibilidad de que exista una inteligencia emocional. Esta se define como la capacidad del ser humano para conocer los propios sentimientos y emociones, así como la de los demás. También incluye la idea de la capacidad que tenemos para influir sobre otras personas, motivarlos y actuar sobre ellos. Esta inteligencia perseguiría el control consciente de nuestras emociones para no ser dominado por ellas.

En los últimos años se ha sugerido que el concepto clásico de inteligencia se divida en cognitiva y emocional, cada una de las cuales está localizada en una región distinta del cerebro. Si bien la inteligencia cognitiva se compondría de facultades como la atención, la memoria, la capacidad de abstracción y el lenguaje; la inteligencia emocional estaría compuesta por elementos sociales y emocionales, no cuantificables con los test de inteligencia habituales.

Sin embargo, a día de hoy el concepto de inteligencia emocional es una teoría que solo ha demostrado ser muy vendible a las empresas en forma de cursos o ponencias. Las bases cerebrales de esta inteligencia, su localización y el modo de mejorarla si es que es posible, aún distan mucho de ser reconocidas por la neurociencia clásica.

En definitiva, existe una gran cantidad de teorías psicológicas que tratan de estudiar el funcionamiento cerebral, y la mayoría de ellas han quedado obsoletas con los últimos avances de la neurociencia. En el siglo en el que estamos ya no tenemos que elucubrar la forma en la que el cerebro funciona, sino que somos capaces de estudiarlo y analizarlo con los métodos objetivos de la neurociencia básica. El lento pero constante avance de la ciencia en el mundo de la economía y de la empresa cambiará para siempre la visión filosófica que se tiene del cerebro.

5 | Realidades y percepciones de clientes y empleados

«Cuando las leyes de la matemática se refieren a la realidad, no son ciertas; cuando son ciertas, no se refieren a la realidad».

Albert Einstein

1. ¿Qué es real?

Los seres humanos percibimos el mundo a través de la imagen que nuestro cerebro se hace de él y, para ello, utiliza varias vías para captar información: los cinco sentidos. Toda esta información que nos llega es filtrada a través de una gran cantidad de estaciones de relevo, núcleos y áreas cerebrales que le van aportando información de todo tipo y en gran cantidad de la que en la mayor parte de los casos somos inconscientes. Pretender que somos capaces de analizar de manera consciente toda la información que nos llega del mundo exterior y analizarla y estudiarla para tomar decisiones racionales es, cuanto menos, irrisorio.

Veamos un ejemplo: si trabajamos en la sección de recursos humanos de una empresa, y queremos contratar a un empleado para cubrir un determinado puesto, debemos ser conscientes de que existirá una gran cantidad de variables que nos estarán influyendo de forma inconsciente y que harán que lo valoremos mejor o peor de lo que deberíamos hacerlo si tuviésemos solo presente su trayectoria profesional.

A veces esta información inconsciente puede ayudarnos a elegir un mejor candidato, en cuyo caso daremos por buena nuestra intuición e incluso diremos que tenemos un «sexto sentido» o una capacidad especial para realizar una buena elección; y, otras veces, la llegada de información que los candidatos nos están transmitiendo de forma inconsciente nos bloquearán e impedirán que tomemos la mejor de las decisiones.

Saber cómo actúa nuestro cerebro en estos casos nos ayudará a mejorar el proceso de toma de decisiones y a evitar que nuestra intuición suplante a nuestra razón en la relación con clientes y empleados. Si bien la razón toma decisiones evaluando todas las variables para tomar la mejor decisión posible, la intuición consiste en el conocimiento que no sigue un camino racional para su construcción y formulación y, por lo tanto, no puede explicarse o verbalizarse cómo se ha conseguido. Según la neurociencia, la intuición sería la conclusión a la que llega nuestro cerebro tras analizar de forma inconsciente la información que posee de una determinada decisión. Aunque el proceso es más rápido que las decisiones racionales (lo cual podría aumentar nuestra capacidad de supervivencia hace miles de años), las decisiones a las que llega no tienen en cuenta toda la información, da mayor importancia a unos datos que a otros, existe una gran subjetividad y las emociones tienen un enorme peso.

Cuadro 5.1 Diferencias entre el objeto real, el percibido y el interpretado por nuestro cerebro

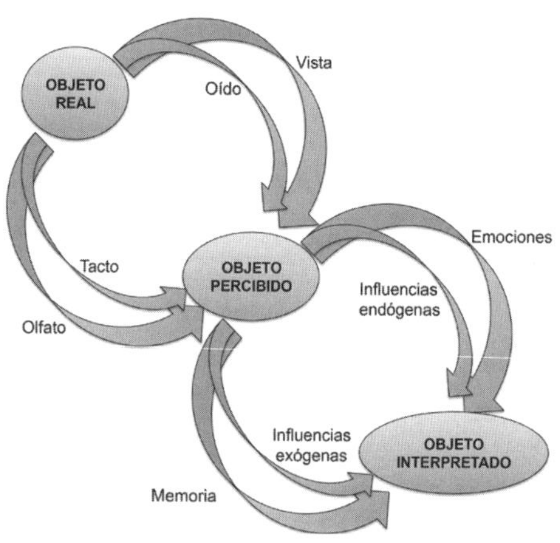

En el cuadro 5.1 se muestra cómo los objetos reales presentes en la naturaleza se perciben a través de los sentidos, dando lugar a una imagen cerebral que se denomina objeto percibido. Después, sobre esta imagen actúan las diferentes emociones, recuerdos e influencias endógenas y exógenas de un sujeto dado para que los interprete de un modo concreto y único que no tiene por qué ser el mismo que como lo interpretaría otro ser humano. Por ello, la realidad no tiene por qué ser la misma para cada uno de los seres humanos.

2. ¿Por qué no ven lo mismo nuestros ojos y nuestro cerebro?

¿Nos engañan nuestros ojos? ¿No vemos la realidad? ¿O es nuestro cerebro el que nos engaña?

Nuestros ojos son capaces de captar ciertas ondas electromagnéticas (las denominadas pertenecientes al espectro visible) y transmitir esa información hacia la parte posterior del cerebro, en concreto a la corteza occipital, a través de una serie de conexiones que van aportando nuevas propiedades a las imágenes que se percibían en un momento inicial. Más tarde la imagen que se ha formado nuestro cerebro sobre la realidad en las cortezas occipitales vuelve a ser transmitida hacia otras regiones cerebrales que les van aportando información sobre lo que esas imágenes significan para nosotros. De este modo se asocian recuerdos, vivencias pasadas e información que tenemos y que nosotros mismos no recordamos. Toda esta información filtrada es la que al final utilizamos para tomar decisiones. Por eso, las imágenes que captan nuestros ojos de la realidad no tienen por qué ser exactamente iguales que las que nosotros utilizamos después para tomar decisiones que queremos que sean lo más racionales posibles y nos estarán influyendo multitud de emociones y recuerdos de los que, en muchas ocasiones, ni siquiera somos conscientes.

¿Quién no ha tenido nunca una intuición buena o mala al ver a alguien? Este proceso se debe a que nuestro cerebro ya ha tomado una decisión sobre lo que esa persona significa para nosotros a través de emociones y recuerdos que nos provoca, sin que hayamos sido conscientes y sin que la razón haya tenido lugar.

Existen claras diferencias en la capacidad para identificar los colores entre los seres humanos, lo cual depende sobre todo del género. Un estudio mostró todos los colores del espectro visible a un grupo de hombres y a otro de mujeres y se les pidió que identificasen cuántos colores eran capaces de diferenciar. La media de los hombres fueron siete (rojo, morado, rosa, naranja, amarillo, verde y azul), mientras que la media de las mujeres para la misma imagen fueron nada más y nada menos que veintinueve, entre los que se identificaban colores como el verde pistacho o el azul marino, que no se identificaron en el grupo de los hombres. El estudio concluyó que en los hombres el espectro visible requiere una longitud de onda más larga que en las mujeres, para que sean capaces de ver dos tonalidades distintas. Habitualmente cuando un hombre va a un centro comercial a comprarse un pantalón azul significa que quiere un pantalón azul. Sin embargo, cuando una mujer dice querer un pantalón azul, se puede referir a un azul marino, celeste, chillón, ciruela, de Delft, esmeralda, glaciar, iris, hierro, lavanda, manganeso, metálico, neón, pastel, tejano, profundo, real o xenón. Muy pocas veces veremos a un hombre pedir uno de estos subtipos de azul, lo cual es debido a las mayores dificultades para diferenciarlos.

Esto no implica que las mujeres tengan mayores capacidades visuales que los hombres, aunque sí diferentes. La mayor capacidad para distinguir las tonalidades de ellas se suple por la mayor capacidad para detectar el movimiento de ellos, ya que los hombres perciben mejor los objetos que se mueven. Por ejemplo, si un avión ingresa en nuestro campo visual como un punto ínfimo en el horizonte, un hombre lo notaría mucho antes que una mujer. También esta es la causa por la que las competiciones masculinas de juegos de pelota, en las que es tan importante visualizar el movimiento del balón, tienen más calidad cuando son hombres los que juegan.

Para ellas:

Si usted llega a casa recién salida de la peluquería, con un tono de rubio que nunca antes había usado, y al llegar su pareja le recibe con un «¡qué bien te quedan esos pendientes nuevos!», no le mire con odio y le pegue dos gritos. Simplemente tiene menor capacidad visual que usted.

Todo esto nos permite adecuar el tipo de estímulo que debemos utilizar para captar la atención de nuestros clientes o empleados, dependiendo de que sean hombres o mujeres. Para una mujer deberíamos vestirnos con colores vistosos y para un hombre deberíamos aprovechar más los movimientos. Esto tiene su explicación desde el punto de vista antropológico y evolutivo. Si pensamos en los primeros momentos de la humanidad, cuando el ser humano comenzaba a caminar erguido, comprendemos que para los hombres era muy importante vislumbrar los objetos que se movían con cierta velocidad ya que, durante los períodos de caza, un depredador podría acabar con su vida si no eran capaces de detectar su movimiento. Por su parte, las mujeres de las comunidades se especializaban en la recolección de frutas y flores y un ligero cambio en la tonalidad de los colores podía significar que estuviese óptima para su consumo o que fuese venenosa.

Los colores se han utilizado desde hace muchos años en marketing ya que se supone que cada uno de ellos nos transmite determinados estados emocionales. Por ejemplo, el rojo parece volvernos más impulsivos y demandantes, por lo que los restaurantes de comida rápida utilizan este color para que no pensemos en la naturaleza de lo que estamos ingiriendo. El verde se ha asociado a aquellas empresas que quieren transmitirnos una idea de ecologismo y de respeto con la naturaleza. El azul se utiliza en las empresas de comunicación como LinkedIn, Facebook o Twitter y el dorado para transmitir la idea de lujo. Sin embargo, no todas estas ideas son apoyadas por los estudios de la neurociencia y solo ciertos colores tienen un respaldo científico en lo referente a los cambios que producen sobre el cerebro humano.

Los estudios científicos sobre los colores se centran sobre todo en el color rojo. Se ha comprobado que los seres humanos que se exponen al color rojo experimentan un estado de ansiedad y de impulsividad que les puede llevar a tomar decisiones precipitadas e incorrectas. Esta exposición puede afectar de forma negativa a nuestras capacidades motoras y de coordinación del pensamiento. Por ejemplo, se ha descubierto que cuando los atletas compiten contra oponentes vestidos de rojo lo hacen peor que a su nivel normal y que cuando los estudiantes se exponen al rojo antes de un examen obtienen peores resultados. Además, se sabe que el color rojo aumenta nuestra capacidad de reacción y, en definitiva, tomamos decisiones más rápido de lo normal, aunque de un modo menos racional.

La explicación a estos cambios cerebrales que nos produce el color rojo vuelve a estar en el desarrollo de los seres humanos. Si un *homo sapiens* en los primeros albores de su desarrollo veía a un congénere suyo con una gran lesión, y con gran cantidad de sangre derramada, su cerebro tomaba la rápida decisión de huir de allí sea como fuere. No importaba tanto identificar dónde estaba el peligro o qué había sucedido, sino que lo primordial era huir y conservar la vida. Esta respuesta automática de nuestro cerebro se ha transmitido hasta nuestros días y tiene un gran interés en el ámbito empresarial y deportivo. Por ejemplo, sabemos la selección española (La Roja) juega con ventaja cuando compite contra sus rivales, conseguiremos que nuestros clientes se decidan antes y sin pensar si portamos una corbata roja, u obtendremos una respuesta automática e impulsiva en nuestros clientes si dirigimos un puesto de comida rápida y utilizamos este color. No obstante, casi todas las cadenas de restauración de comida rápida utilizan el rojo por este motivo. También la caja roja de Nestlé nos lleva a consumir los bombones que hay en su interior, lo cual no conseguiría si fuese azul o verde. Y la lencería también utiliza este color para potenciar nuestros impulsos más primarios.

Aunque el color rojo es el que más estudios ha recibido por parte de la neurociencia, recientemente también se está acumulando experiencia sobre el papel del color azul en el cerebro humano. La exposición a este color es capaz de aumentar la liberación de una hormona en el cerebro denominada melatonina, la cual aumenta la capacidad cognitiva y la creatividad. Se ha comprobado con electro-encefalografía que el tono azul es capaz de disminuir la actividad de las ondas cerebrales en la primera fase del sueño y hacernos dormir, por lo que tendría un gran interés para decorar las habitaciones de los niños. Este color también sería útil para potenciar la creatividad, pensar los objetivos a largo plazo de la empresa o aumentar la creatividad durante una reunión de tormenta de ideas.

3. ¿Qué oímos y qué escuchamos?

Aunque la mayor parte del neuromarketing se ha focalizado en los colores, se sabe que la información auditiva que recibimos es importante para que nuestro cerebro perciba los objetivos de una determinada manera y los sonidos pueden ser fácilmente utilizados para manipular el comportamiento de los clientes y los consumidores.

Al igual que sucedía con la visión, nuestro sistema auditivo está preparado para percibir solo algunas ondas acústicas y transmitirlas al cerebro. Estas ondas no son todas las del espectro de la naturaleza y, por ejemplo, se ha comprobado que son diferentes de las que perciben otros animales como los perros o los delfines. Por eso la idea que percibimos a través del oído del mundo que nos rodea podría ser muy diferente de la realidad.

Como ocurría con la visión, la información auditiva es transportada desde el oído hasta la corteza auditiva primaria, la primera región cerebral encargada de recibir la información auditiva. Desde allí es transportada hasta otras áreas cerebrales que le irán aportando los recuerdos, emociones y asociaciones hasta que ese sonido se nos haga consciente con todas sus connotaciones emocionales.

Se sabe que ciertas conductas humanas son influidas por la música, como la velocidad de adquirir productos a la hora de comprar en una tienda o la capacidad de disfrutar de una cena en un restaurante dependiendo de la melodía que se escuche de fondo. Se sabe que los ritmos alegres y populares son capaces de incitar a un cliente a que continúe andando en un centro comercial o que se decida a subir hasta las plantas superiores. Se ha demostrado que la música clásica puede hacer que un cliente llegue a pagar hasta un 20% más por el mismo producto en el mismo establecimiento.

También se sabe que la música nos puede influir a comprar un determinado producto en detrimento del otro. Un estudio desarrollado en la Universidad de Leicester del Reino Unido evaluó la influencia de la música sobre nuestra capacidad para elegir el origen del vino. Según el estudio, cuando se emitía música francesa en la sección de vinos de un determinado establecimiento comercial el 77% de los clientes compraba vino de origen francés. Si por el contrario sonaba música alemana, más del 50% de los vinos que se vendían tenían un origen germánico.

Otro estudio realizado en Gran Bretaña en 2014 pone de manifiesto la diferencia entre las voces femenina y masculina y cómo nos influye en ambos géneros. Según este estudio la voz femenina tiene un mayor número de frecuencias que la masculina y, por lo tanto, es más compleja. Además se conoce que cuando un hombre habla a una mujer, en esta se activa solo una parte del área auditiva cerebral, mientras que cuando una mujer habla a un hombre, se activa por completo el área auditiva de este, lo que podría provocar un mayor agotamiento en el cerebro masculino y que con el paso de los minutos de conversación, el hombre terminase por desconectar. Según el autor del estudio, las mujeres se quejan muchas veces de que los hombres no las escuchan pero, por el contrario, lo único que hacen los hombres es desconectarse por una razón puramente fisiológica.

4. Otros sentidos y cómo nos influyen

A pesar de que los seres humanos percibimos el mundo sobre todo a través de la vista y del oído, el papel del resto de sentidos no es ni mucho menos desdeñable y también se pueden utilizar para influir a nuestros clientes y consumidores.

El olfato es el sentido que está más ligado a nuestras emociones, puesto que existen conexiones que van desde las regiones de la olfacción hasta la amígdala cerebral, estructura relacionada con la aversión a la pérdida cuya activación evita que tomemos determinadas decisiones. Otra estructura que está ligada al olfato es el hipocampo, el cual se encarga de fijar la memoria. Por ello, y a diferencia de lo que sucede con las imágenes y los sonidos, los olores no se olvidan con el paso de los años. Algunos estudios realizados en centros comerciales han conseguido modificar la conducta de los consumidores mediante determinados olores, provocando que visitasen unas tiendas en detrimento de otras, el número de objetos que compraban y cómo estos evaluaban el proceso de compra, aspectos que al principio se consideraban cognitivos.

El tacto es un sentido que apenas está explotado por la publicidad y las empresas. Sin embargo, las grandes marcas están empezando a ver su potencial y comienzan a desarrollar sus productos teniendo en cuenta el marketing táctil. Por ejemplo, se realizan botellas de refrescos para el público masculino que intentan imitar las curvas del cuerpo de una mujer, así como estas mismas curvas se tienen en cuenta para el diseño de la estética de determinados coches deportivos orientados hacia el público masculino.

5. Personas diferentes, percepciones distintas de la realidad

En conclusión, percibimos el universo que nos rodea a través de nuestros sentidos y nos hacemos una idea personal de cómo es. Somos incapaces de ver aquellas ondas electromagnéticas que se escapan del espectro visible, incapaces de oír las ondas acústicas que nuestro oído no puede percibir. Es posible que no percibamos otras partes de la realidad porque no tengamos los sentidos desarrollados para ello. Se sabe que cada uno de nosotros tiene diferentes capacidades para captar la realidad, según las capacidades visuales, auditivas y de otros sentidos que poseamos. Dicho de otro modo, cada uno de nosotros tendríamos acceso a una parte diferente de la realidad según nuestras facultades.

Desde el punto de vista de la neuroeconomía, podemos aprovechar las diferencias entre los seres humanos para adaptar nuestro mensaje y hacer que sea más efectivo. Por ejemplo, sabemos que los movimientos son mejor percibidos por los hombres y los tonos de los colores por las mujeres. También podemos aprovechar las diferentes respuestas inconscientes que crea nuestro cerebro ante los diversos colores o tipos de música para manipular los comportamientos de los empleados o de los potenciales consumidores.

La neuroeconomía, de nuevo, pone a nuestra disposición una serie de datos científicos que bien utilizados pueden ayudar a que obtengamos el máximo partido de nuestra empresa o de nuestra posición laboral.

6 | Errores de percepción. ¿Qué es real?

«Negar un hecho es lo más fácil del mundo. Mucha gente lo hace, pero el hecho sigue siendo un hecho».

Isaac Asimov

Si los seres humanos obtenemos información diferente del mundo que nos rodea, porque nuestros sentidos funcionan de forma desigual en unos y otros (recordemos las diversas capacidades de percepción visual entre hombres y mujeres), la interpretación que hacemos de esta información que recibimos es absolutamente individual. Cuando evaluamos una experiencia, un objeto o a un determinado empleado, no lo hacemos solo con la información que registran nuestros sentidos, sino que también participan nuestras emociones, recuerdos, memorias de eventos pasados o numerosas influencias endógenas y exógenas. Si, por ejemplo, debemos pasar una entrevista de trabajo con el equipo de recursos humanos, las posibilidades de que nos contraten no van a depender solo de nuestro currículum, sino del nivel de irradiación solar, del día de la semana que hayamos concertado la entrevista, de los recuerdos que evoquemos en quien nos está entrevistando e incluso de su estado hormonal.

El modo en el que cada uno de nosotros percibimos la calidad de un objeto, su valor potencial, la cantidad que pagaríamos por él o el interés que nos suscita un determinado sujeto, para incorporarlo en nuestra empresa, va a depender del significado personal que le demos a las pérdidas y a las ganancias que nos pueda generar. Muchos de los factores que nos van a influir en la percepción que tengamos sobre ese objeto o persona van a ser subjetivos y difíciles de medir, como nuestros propios rasgos personales, los acontecimientos recientes, la cultura y los factores ambientales y cómo los interpretamos. Por ejemplo, es fácil suponer que si Francia hace un boicot a los productos españoles y nosotros dirigimos una empresa española, nos va a ser mucho más difícil contratar a un francés para el puesto de relaciones institucionales de nuestra empresa. Sin embargo, la cuantificación objetiva de por qué esto es así va a ser muy difícil de realizar.

1. La realidad cambia según el tiempo que tengamos para analizarla

Uno de los factores que más van a afectar nuestra capacidad para tomar decisiones racionales es el tiempo. Supongamos que vamos caminando una noche por un callejón oscuro y vemos dos puntos brillantes cerca de nosotros. Nuestro cerebro tendrá dos modos diferentes de analizar esta situación: a) tomar una decisión emocional rápida en la que se pensaría «pueden ser los ojos de un animal y está muy cerca», con lo que la solución rápida sería «aléjate»; b) tomar una decisión racional, mucho más lenta, que nos llevaría a plantearnos las posibilidades que tenemos ante nosotros, «podrían ser los ojos de un animal, aunque también el reflejo de cualquier luz cercana, cualquier dispositivo electrónico…». En este punto hay que tener en cuenta que nuestro cerebro procede de una larga evolución en la que solo los que mejor se adaptaban sobrevivían. Para los cerebros de los primeros homínidos era mucho más importante tomar una decisión rápida y alejarse, si adivinaban en la oscuridad lo que podrían ser los ojos de un depredador, que quedarse y pensar con tranquilidad el origen de lo que allí se veía.

Nuestro cerebro, tan desarrollado con el transcurso de los milenios para garantizar nuestra supervivencia, se tiene que enfrentar a una realidad nueva en la que no importan tanto las respuestas rápidas como las razonadas, ya que en el mundo actual no encontramos potenciales enemigos en todas las esquinas (o al menos no en forma de depredadores). Por eso nos cuesta tanto tomar decisiones en gestión empresarial o en economía cuando debemos reaccionar de forma inmediata. Cuando el jefe nos apremia a que realicemos algo rápido se pone en marcha nuestra forma de tomar decisiones emocionales y dejamos a un lado la racional, con el consiguiente aumento de los sesgos y errores.

Muchas de las ideas y modos de reacción primitivos no son útiles en la actualidad y, por supuesto, no son válidos para la economía o la gestión empresarial. Si nos encontramos excitados, nerviosos y debemos responder con rapidez, liberamos ese cerebro primitivo que tantas veces nos salvó la vida cuando dábamos nuestros primeros pasos. Por ello, cuando el cerebro se encuentra bajo presión tiende a trabajar con la toma de decisiones rápida o emocional. Expresiones como «lo hice sin pensar» o «me salió así» indican que se ha llegado a una conclusión de un modo emocional y habitualmente se refieren a una decisión equivocada.

El tiempo que tengamos para evaluar una determinada situación cambia de forma drástica lo que opinamos de ella y altera la forma en la que percibimos la realidad, lo cual es importante tenerlo en cuenta en el mundo empresarial y de la economía. Las decisiones financieras, sobre todo las que se refieren al mercado de valores, llevan asociadas situaciones de estrés puesto que pueden afectar de manera directa a nuestro bienestar y se deben tomar con cierta premura. Todo ello va a favorecer el empleo de métodos de toma de decisiones emocionales frente a racionales. El hecho de que estas decisiones primitivas se utilicen en un contexto diferente de aquel para el que fueron desarrolladas, es un motivo claro para ayudar a producir errores en la toma de decisiones financieras.

El tiempo no solo es relativo como decía Albert Einstein, sino que de él depende cómo evaluemos y analicemos la realidad que nos rodea y las decisiones que tomemos al respecto.

2. ¿Por qué ponemos todos los huevos en la misma cesta?

Los seres humanos tenemos una especial tendencia a creer que lo nuestro es lo mejor y que lo de los demás no está a la altura. Esto es así a nivel individual y colectivo, y ha supuesto el motivo de numerosas guerras, ideologías racistas y actos de exclusión de aquellos que no son como nosotros a lo largo de la historia.

Si se pide a los lectores que piensen en la persona que mejor cocina del mundo, muchos de ellos lo tendrán claro y darán una respuesta automática y sin pensar: «mi madre». Esto es así porque lo familiar supone una mayor activación del sistema de recompensa cerebral que las cosas desconocidas, por lo que tenderemos a aceptarlas con más facilidad y tomar decisiones que nos lleven a adquirir productos o contratar empleados que nos sean familiares. Desde el punto de vista de la gestión empresarial deberemos tener especial cuidado al respecto, ya que tenderemos a contratar trabajadores que sean afines a nosotros en ideologías, que hayan estudiado con nosotros, que sean de nuestro mismo sexo o de nuestra misma raza.

Se ha demostrado que lo que nos es familiar nos activa una región del cerebro denominada núcleo caudado, la cual es parte integrante del sistema de recompensa cerebral, que producirá una sensación de placer al tomar decisiones que nos llevan hacia objetos o personas que nos son familiares. Un estudio desarrollado en perros por la Universidad de Emory en Atlanta, permitió evaluar cómo el núcleo caudado se activaba de un modo muy marcado cuando los animales olían a sus dueños, mientras que no se activaba cuando olían a otros humanos.

Percibimos lo familiar como más seguro, con mayores posibilidades y mejor que lo que no nos es familiar solo por serlo. Es muy común que los trabajadores de una determinada empresa inviertan en esa misma compañía, se nieguen a valorar ofertas de otras por el simple hecho de no querer cambiar y que además se hagan un plan de pensiones dentro de ellas. Nuestro cerebro está preparado para «poner todos los huevos en la misma cesta», con la gran cantidad de riesgos que esto entraña, solo por el hecho de premiar aquello que nos es familiar y conocido. Los trabajadores de una compañía por lo general tienden a invertir en la misma compañía por el simple hecho de que les es familiar y saben a qué se dedica, aunque en realidad conocen muy poco del consejo de dirección, las cuentas de la empresa, los nuevos productos que se sacarán al mercado, los niveles de deuda o los planes de futuro.

Esto no afecta únicamente a los trabajadores de las compañías, sino también a sus gerentes, quienes premian los mercados que mejor conocen, su país o su región y no se percatan de que los sesgos de su cerebro primitivo les está impidiendo que arriesguen y que intenten explorar mercados desconocidos. La excusa de no conocer bien un mercado, y evitar asumir riesgos innecesarios por falta de conocimiento, no tiene sentido en el mundo de hoy en el que disponemos de toda la información que queramos con solo pulsar un botón.

Nuestro cerebro no solamente experimenta una mayor alegría y felicidad cuando tomamos decisiones que nos son familiares, sino que tendemos a tener menos sensación de miedo y de riesgo que cuando las decisiones nos adentran en lo que para nosotros es desconocido. Por ello no percibimos bien el riesgo de una decisión si existen elementos familiares involucrados. Por ejemplo, si acudimos un domingo a nuestra casa y nuestra madre nos invita a comer, percibiremos mucho menos el riesgo que entraña esa comida que si comemos en un restaurante que no nos es tan familiar, tanto a corto plazo (riesgo de gastroenteritis) como a largo plazo (aumento del colesterol, de la tensión arterial, etc.). Si esto lo extrapolamos al mundo empresarial, es muy posible que los gerentes sean incapaces de analizar de manera objetiva estrategias que impliquen algún elemento familiar.

Como ya hemos comentado, el hecho de que tomemos o no una decisión dependerá de cuánto se activen las áreas de recompensa cerebral y de aversión a la pérdida o al riesgo y del equilibrio entre ellas. El hecho de que exista familiaridad en la determinación que debemos tomar bloqueará el sistema de aversión al riesgo, con lo que nos lanzaremos a tal decisión. La explicación de esto también tiene un origen antropológico ya que los seres humanos tendemos a experimentar menos miedo por el simple hecho de que otras personas, sobre todo si pertenecen a nuestro grupo, están sometidas al mismo riesgo que nosotros. Veamos una explicación de por qué esto es así: imaginémonos hace 30.000 años, aquella época en la que no existía Internet, y que nuestras necesidades eran las básicas para mantener nuestra supervivencia, como la alimentación, la seguridad o la reproducción. En aquel entonces una de las actividades más importantes para mantener la perpetuidad como especie era la caza. El hecho de que un solo cazador intentase conseguir alimentos le ponía en un serio peligro ya que podía ser atacado por un depredador o simplemente era incapaz de dar caza a un animal de gran tamaño. Si, por el contrario, iban a cazar en grupo, el poder de ataque y de defensa se multiplicaba. Había más brazos, piernas y ojos que eran capaces de alertar ante un peligro potencial. De alguna forma el riesgo se dividía entre los diferentes miembros del grupo y las posibilidades de supervivencia eran mayores. Por ello, el cerebro humano desarrolló mecanismos para potenciar el trabajo en grupo y disminuyó nuestra capacidad para percibir los riesgos cuando somos varios los sujetos que estamos sometidos al mismo riesgo.

Sin embargo, hoy en día las cosas han cambiado y no podemos aplicar el funcionamiento del cerebro primitivo a nuestro sistema de libre mercado. El hecho de que nuestros conocidos hayan adquirido determinadas acciones, invertido en el mercado inmobiliario o estén trabajando en una determinada compañía no evitará que corramos el mismo riesgo que si esa persona no lo hiciese. Las acciones de la compañía en la que hemos invertido perderán su valor, la burbuja inmobiliaria explotará o la compañía en la que estamos trabajando quebrará, con independencia de que esa persona que conocemos tome las mismas decisiones que nosotros.

La expresión española «mal de muchos, consuelo de tontos» hace referencia a este problema. Si otra persona está sometida al mismo riesgo que nosotros, nos encontraremos más aliviados que si somos los únicos que sufrimos el problema. Aunque racionalmente no hay ninguna explicación para que nos alivie el sufrimiento ajeno, emocionalmente sí que la hay y se basa en la dilución del riesgo que se provocaba en los homínidos primitivos.

3. ¿Por qué no sabemos mirarnos en el espejo?

Si nos piden que definamos cuánto riesgo somos capaces de asumir o cuáles son nuestras lagunas de conocimiento, muy pocos de nosotros podríamos dar una respuesta objetiva. En el mundo de las empresas en general y en las inversiones en particular se tiene la idea de que «a mayor riesgo, mayor beneficio». Esto crea un problema en numerosas ocasiones ya que no siempre tiene que ser así y muchas veces se consiguen beneficios cuantiosos con riesgos que son más que aceptables. Muchos empresarios desarrollan líneas de producción y desarrollo de productos donde aceptan un riesgo que no deberían con la idea de ser más rentables, para después descubrir que no eran capaces de aceptar tanto riesgo como creían.

Otro de los problemas es que tenemos una especial dificultad para descubrir nuestras carencias y lagunas de conocimiento. Creemos que sabemos más de lo que en realidad sabemos, cuando la verdad es que la mayoría de la gente sabe menos de lo que cree. Cuando un empresario se arriesga en el desarrollo de un nuevo producto o se adentra en un nuevo mercado, por lo general, lo hace con más falta de información de lo que piensa al principio. Esto tiene un especial interés cuando se desarrolla el plan estratégico de una empresa, el cual está en muchas ocasiones predestinado al fracaso por haberse basado en una mayor tolerancia al riesgo de lo que la empresa era capaz de asumir o en unos conocimientos de los cuales se carecía. Este sesgo de percepción de nuestra falta de conocimiento lleva a la mayoría de las personas a no darse cuenta de los errores de las decisiones que desarrollan.

El exceso de confianza actúa como una espada de doble filo en la consecución de nuestros propósitos. Se ha sugerido que nos permite embarcarnos en empresas sin estar preparados para ellas pero también se sabe que es una de las razones de nuestro éxito a largo plazo. Si bien un exceso de confianza nos lleva a cometer más errores, también será la causa de que lo intentemos más veces a largo plazo, y que al final nos haga conseguir lo que tanto ansiamos. Un estudio publicado en 2011 en la revista *Nature* concluye que los individuos que se creen mejor de lo que son pueden cometer más errores que el

resto, pero el hecho de que arriesguen más resulta a la larga beneficioso y con mayores probabilidades de ganar. Por ello, aunque el
exceso de confianza en términos generales es bueno entre los empresarios, sería aún mucho mejor si estos fuesen conscientes y asumiesen sus limitaciones.

El exceso de confianza también es la causa de que seamos incapaces
de aprender de nuestros errores y que tengamos tendencia a repetirlos. Por ejemplo, percibimos los éxitos pasados como respuesta
a nuestras habilidades, mientras que los fallos pasados como algo
que ha ocurrido a pesar de ellas. Si dirigimos una empresa, y hemos
creado una nueva línea de productos que triunfa en el mercado, sin
duda nos creemos unos genios de la materia y que la empresa nunca
hubiese triunfado sin nosotros. Sin embargo, si nuestro producto no
ha conseguido salir al mercado, o apenas ha elevado las ventas de la
compañía, la culpa será del departamento de marketing o de ventas
que no ha hecho bien su trabajo, de nuestro jefe que nos está limitando o de los consumidores que no están preparados para un producto
tan bueno como el que hemos desarrollado. El hecho de no aprender
de nuestros errores nos lleva a sobrevalorar nuestras capacidades en
circunstancias nuevas. Además, por el hecho de ser seres humanos
tendemos a recordar las experiencias positivas y olvidar las negativas, lo que nos condena de manera irremediable a repetir nuestros
errores a menos que desarrollemos una estrategia racional para identificarlos y corregirlos.

Otro de los sesgos de percepción que tenemos cuando nos miramos
al espejo es que nos vemos mucho menos predispuestos de lo que en
realidad estamos a copiar los comportamientos y productos de los
demás, cuando en realidad los seres humanos nos estamos constantemente imitando y copiando los unos a los otros.

> La próxima vez que te mires al espejo recuerda que tienes un ex
> ceso de confianza en ti mismo mayor del que crees, que tiendes a
> copiar el comportamiento de los demás y que tu cerebro te estará
> haciendo creer que no eres el culpable de los errores que has co
> metido. Si has leído este libro ahora depende de ti darte cuenta de
> todos estos errores de percepción y sacar el máximo de ti mismo.

4. ¿Por qué crees que te va a tocar la lotería cuando las posibilidades matemáticas son mínimas?

Otro de los errores que comete nuestro cerebro se produce cuando trabajamos con la probabilidad de que algo suceda. Si todos nosotros intuimos sin ninguna dificultad que supone una probabilidad del 50% (cara o cruz), nuestro cerebro no percibe tan bien las probabilidades extremas que están cerca del 0 o del 100% de que algo se lleve a cabo. Cuando estamos cerca del 0% de probabilidad de que algo suceda, nuestro cerebro nos alertará de que aun así puede suceder y nuestra percepción será que la probabilidad es mucho mayor. Lo mismo sucede cuando el riesgo de que algo ocurra es cercano al 100%, en cuyo caso nuestro cerebro nos alertará de que podría no suceder y nuestra percepción de la probabilidad de que eso ocurra estará muy por debajo de ese porcentaje. La relación entre la probabilidad objetiva y subjetiva se representa en el cuadro 6.1.

Cuadro 6.1 Probabilidad real de que algo ocurra

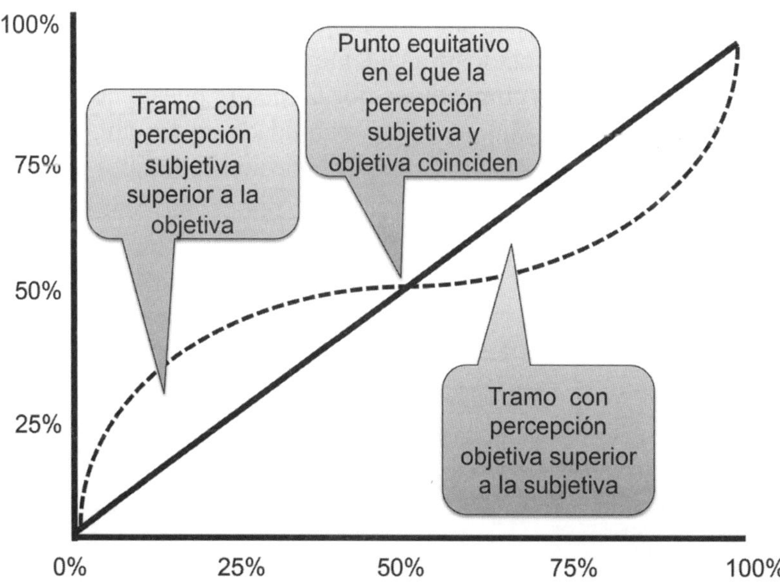

En el cuadro 6.1 se representa la probabilidad real de que algo ocurra en línea continua y la probabilidad que percibe nuestro cerebro en línea discontinua. Se comprueba que solo en el punto en el que la probabilidad de éxito es del 50% ambas coinciden. Para las probabilidades muy bajas la percepción de que algo suceda es mucho más alta de lo que correspondería, y para las probabilidades muy altas, la percepción es menor.

Hay multitud de ejemplos para los que se pone en marcha la percepción de la probabilidad. El más típico para las probabilidades remotas son los juegos de azar. Aunque sabemos que matemáticamente las probabilidades de que acertemos una quiniela o cuando jugamos al Euromillón son mínimas, nuestro cerebro elabora una estrategia que nos dice que la posibilidad está ahí y nos hace sentir que la probabilidad de éxito es en realidad mucho mayor de lo que es. Si nuestro cerebro fuese capaz de interpretar probabilidades remotas y darnos la idea real de lo que estamos haciendo con nuestros ahorros, posiblemente quebrarían todas las empresas de juegos de azar. El ejemplo contrario también es frecuente y creemos que hay posibilidad de que algo no suceda cuando las posibilidades de que esto no ocurra son ínfimas. Así pensamos que existen posibilidades de aprobar un examen sin estudiar, de que nuestro jefe no se dé cuenta de que hemos tenido un accidente con su coche o de ascender en la empresa cuando competimos por el mismo puesto que el hijo del director general. Aunque las probabilidades están ahí, nuestro cerebro nos vuelve a engañar y nos dice que son superiores a lo que realmente son.

7

Generación de patrones, sorpresas y aprendizaje

Si se os pregunta qué estabais haciendo el 4 de abril de 2002 la mayoría de vosotros pensaríais que el que os está haciendo la pregunta está loco u os está tomando el pelo. Sin embargo, si os preguntasen qué hicisteis la tarde del 11 de septiembre de 2001, un buen porcentaje sabría responder, algunos incluso con un grado de detalle sorprendente. La gran diferencia entre ambas fechas es que la tarde del 11-S hubo un acontecimiento que rompió nuestros esquemas, cambió nuestra rutina, focalizó nuestra atención y consiguió marcarse a fuego en nuestra memoria, así como grabar de un modo especial todo lo que rodeó a ese día. Ahora toca preguntarse el motivo por el que el cerebro, si es capaz de memorizar del modo en el que lo hicimos aquel macabro día, por qué no muestra siempre sus capacidades y memorizamos todas las experiencias de nuestro día a día.

Todos nosotros recordamos de nuestra época de estudiante lo tedioso que nos resultaba repetir algo hasta que éramos capaces de memorizarlo y aprender las tablas de multiplicar, los reyes de España o los afluentes de los ríos. Suponía una tarea ardua y carente de todo tipo de estímulo. Sin embargo, también sabemos que no nos supone ningún trabajo memorizar ciertos datos como las noticias que nos llaman la atención, la alineación de nuestro club de fútbol favorito o la cantidad que cobramos en nuestra nómina. Este segundo tipo de información tiene unas características diferentes que la hace mucho más fácil de ser memorizada. Si consiguiésemos que nuestros trabajadores memorizasen con la misma pasión y el mismo grado de perfección las directrices y los cursos de formación de la empresa, tendríamos los empleados más preparados y nuestra compañía obtendría una clara ventaja competitiva.

1. ¿Por qué no memorizas igual los afluentes del Tajo que el teléfono de tu pareja?

Por desgracia no tenemos un control directo de nuestra capacidad de aprendizaje y ciertos temas nos son mucho más difíciles de memorizar que otros. En el momento actual hay muchas teorías y modelos matemáticos que intentan explicar el modo en el que los seres humanos y los animales aprendemos y, a pesar de la complejidad de la materia, existen dos factores que tienen una importancia especial: el interés que tengamos por lo que queremos aprender y la sorpresa que nos produce.

El interés de un determinado recuerdo está relacionado con la motivación que nos produce, y no nos motivan igual los afluentes del Tajo que el modo más rápido de contactar con nuestra pareja. La sorpresa, como la que nos produjo a todos el atentado de las Torres Gemelas, es el otro factor que afecta, de manera sustancial, nuestra capacidad de memorización y aprendizaje.

Aunque el aprendizaje es un proceso muy complejo, en el que participa un gran número de regiones cerebrales, se sabe que existen algunas que revisten mayor importancia como el hipocampo, la amígdala y la corteza prefrontal. La amígdala, estructura relacionada con el sistema de aversión al riesgo, está relacionada con el hipocampo y se relaciona con el cariz emocional de los recuerdos, explicando esa relación tan especial entre el aprendizaje y las emociones. Si una noticia o evento nos despierta alguna emoción, nos será mucho más sencillo memorizarla que si es una noticia meramente informativa.

Además, se sabe que las sorpresas están muy relacionadas con el aprendizaje y que es mucho más fácil memorizar los acontecimientos inesperados que aquellos que estaban previstos con anterioridad. La capacidad de sorpresa es un rasgo propio de los seres superiores de la evolución, y los humanos y los grandes simios parecen diferenciarse en esto de otros animales. En ellos existe un grupo especial de neuronas denominadas células fusiformes que se encuentran en una región cerebral llamada corteza cingulada anterior.

Todo esto tiene un especial interés en el ámbito empresarial ya que si queremos que nuestros empleados cambien determinados patrones de conducta, o que aprendan nuevos hábitos, nos podemos valer de esta estrategia de la neurociencia. Por ejemplo, si nuestro objetivo es recordar a los empleados que deben recortar el consumo de folios de papel, será mucho más útil provocar una sorpresa como situar durante un solo día el papel de la oficina en los cuartos de baño o en la cafetería a recordarles todos los días que deberían consumir menos papel.

Estas técnicas de sorpresa también son muy efectivas en publicidad y los especialistas en marketing recurren con frecuencia a imágenes impactantes, imposibles o extrañas que suponen un reclamo de la atención y facilitarán la memorización del producto.

Este aumento de la capacidad de atención y memoria tras la producción de una sorpresa está comenzando a tener cada vez una mayor aplicación en la educación, y se ha sugerido que se deberían crear métodos didácticos que sorprendan y despierten la atención para fomentar un aprendizaje de éxito. Un estudio realizado en Argentina en 2013 sobre más de 1.000 niños entre 7 y 9 años demostró que cuando se les sorprendía de cualquier modo 15 minutos antes o después de la clase, eran capaces de retener hasta un 60% más de lo aprendido. Esto tiene una enorme utilidad práctica:

> Si usted tiene que preparar una presentación y quiere que de verdad sus empleados aprendan los objetivos, los valores o las estrategias de su empresa, no se gaste el dinero y les dote de bibliografía, notas o un disco duro con la presentación. Simplemente sorpréndales.

Ahora bien, un buen gerente que utilice las técnicas del *neuromanagement* para potenciar su empresa debería saber sacar el máximo partido a la sorpresa, ya que tiene una clara limitación y es que es imposible sorprender a los empleados todos los días del año.

Cuando tenemos un estímulo que nos sorprende de forma repetida, la respuesta que nos provoca es cada vez menor. Imaginemos que regresamos al Paleolítico y que volvemos a necesitar la caza para subsistir. Si nos encontramos en pleno proceso de caza, vamos por el bosque buscando potenciales presas y vemos que a nuestra derecha hay un león que yace de manera apacible, experimentaremos una enorme sorpresa ya que no pensábamos que se encontrase ahí, la cual nos provocará una rápida respuesta de retirada y facilitará nuestro aprendizaje: detrás de esos arbustos se encontraba un león que yace tranquilamente. Sin embargo, supongamos que ese león solo nos mira y nos muestra una indiferencia absoluta, de tal modo que podemos continuar nuestro camino y seguir cazando, aunque con un solo cambio, seremos capaces de memorizar mucho mejor todo lo que suceda ese día a partir de que hayamos visto al león.

Ahora bien, si al día siguiente volvemos a ver al mismo león en la misma posición y con la misma actitud, la sorpresa que nos provocará será mucho menor, la respuesta que tendremos será menos brusca y nuestra capacidad de aprendizaje para lo ocurrido ese día será mucho menor. Si este episodio sucede de manera repetida a lo largo de las semanas posteriores, ya no nos sorprenderá que se encuentre un león siempre en la misma localización y con la misma actitud y su presencia no optimizará nuestra capacidad de aprendizaje. Esta idea se ha visto respaldada por los avances de la neurociencia. En 2001, un grupo de investigadores australianos y británicos evaluó mediante resonancia magnética las regiones cerebrales que se activaban ante las sorpresas, comprobaron que van perdiendo actividad según el individuo se familiariza con ellas y los hechos van siendo poco a poco más predecibles, para luego activarse otra vez cuando se vuelve a producir un nuevo hecho imprevisto.

Esto tiene una clara repercusión en el mundo empresarial de hoy día ya que debemos jugar con las sorpresas que provocamos en nuestros empleados y clientes. Si no las utilizamos no nos estaremos beneficiando de una de las principales técnicas que nos propone el *neuromanagement* para que nos presten atención. Si las utilizamos en exceso perderán eficacia con el tiempo y quizás disminuya el respeto de los empleados y clientes ante nuestros intentos desesperados por captar su atención. Como siempre en el punto medio está la virtud y debemos desarrollar estrategias de aprendizaje que despierten en nuestros empleados la curiosidad por aprender basándonos en el efecto sorpresa.

También tenemos ejemplos en el mercado de valores sobre nuestra capacidad de adaptación a las sorpresas. Si comparamos las respuestas de los mercados tras los grandes ataques terroristas de los últimos años, vemos que la respuesta cada vez ha sido más racional y menos emocional. Si comparamos lo ocurrido en el mercado bursátil tras los atentados de las Torres Gemelas de Nueva York (2001), los trenes de Madrid (2004) y el metro de Londres (2005), observamos que el impacto económico de los ataques disminuyó de forma progresiva. Esto da a entender que se produce una atenuación del grado de sorpresa que produce una noticia cuando lo hace de forma reiterativa, como si hubiese un cierto aprendizaje de los mercados respondiendo de un modo más racional.

Cuadro 7.1 Representación del aumento de la capacidad de memorización que produce una sorpresa y cómo se atenúa con el grado de exposición

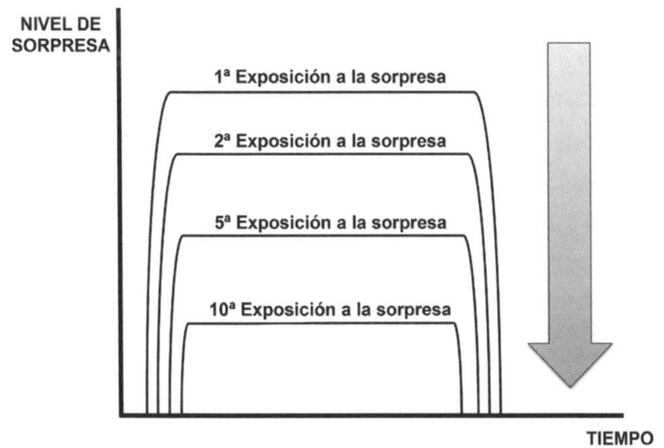

Por lo tanto, la utilización de la sorpresa es uno de los mejores recursos de la neuroeconomía aunque hay que llevarla a cabo con moderación, ya que los empleados o clientes perderán su interés si recurrimos a ella de forma reiterativa. Además, otra de las bondades de esta técnica es que se puede aplicar tanto a los gerentes de las empresas como a los clientes o empleados. Por ejemplo, un jefe se sorprenderá si el trabajo ha salido mejor de lo que él esperaba sin pedírselo a los empleados, los clientes lo harán si algún regalo o descuento que no esperaban aparece en su compra y los empleados de la empresa reaccionarán de forma muy positiva ante cualquier sorpresa agradable del jefe.

2. Gira la ruleta y recoge tu regalo

Uno de los trucos que podemos utilizar para aumentar el efecto sorpresa es utilizar el suspense. Es muy común ver empresas que regalan productos a sus clientes a través de participaciones en juegos, haciendo un sorteo, girando una ruleta o repartiendo boletos que reproduzcan el sorteo de la lotería. Lo cierto es que el tiempo previo a saber el regalo que nos ha tocado es tan importante como el propio regalo y el suspense es una forma sencilla de aumentar la propia sorpresa. Pensemos durante un momento en la cantidad de películas y series de televisión que son capaces de enganchar al espectador con una historia en la que el desenlace del suspense se mostrará en el siguiente capítulo.

Esto es debido a la ansiedad que sufrimos cuando no conocemos el desenlace de algo que está ocurriendo y tiene su origen de nuevo en el desarrollo del cerebro cuando el *homo sapiens* daba sus primeros pasos. En nuestros antepasados la ansiedad era un estado de excitación orientado a la preparación ante una posible amenaza. Hoy en día dicho estado continúa cuando nos enfrentamos a algo desconocido, aunque solo sea el desenlace de un sorteo en el que tenemos posibilidades de recibir un regalo.

La ansiedad es una forma de conducir el comportamiento en el intento de aumentar nuestras capacidades de supervivencia. Se trata de una sensación molesta que el ser humano trata de solventar de un modo rápido, lo que para nuestros antepasados podía salvarles la vida. Este problema surge porque el cerebro utiliza siempre las mismas estructuras para canalizar la ansiedad, sin importarle si esta procede de que nos encontremos atravesando un río plagado de cocodrilos, de unos malos resultados de la empresa que estamos gestionando o de la serie de televisión a la que nos hemos enganchado. En esos casos nos forzará a actuar de inmediato para resolver el problema: en el primer ejemplo, nos puede salvar de morir en las fauces de un cocodrilo; en el segundo, tomar decisiones empresariales arriesgadas; y, en el tercero, hacer lo posible para ver el siguiente capítulo de la serie.

Un estudio analizaba mediante resonancia magnética funcional la actividad cerebral en individuos que estaban esperando recibir un *electroshock*. Algunos de ellos tenían tanto miedo a esta experiencia que preferían recibir una mayor descarga antes que estar esperando a recibir una descarga normal tras un largo tiempo de espera. En la resonancia se observó que durante el tiempo de espera se activaban áreas cerebrales relacionadas con el dolor, con lo que el cerebro estaba reproduciendo un dolor que no existía en la realidad pero que sí se experimentaba como tal.

Sabiendo el sufrimiento que le produce al cerebro el tiempo de espera y el suspense, es normal que haga lo posible por evitarlo, ya sea comprando por Internet el siguiente capítulo de la serie que nos gusta o malvender unas acciones que están bajando. Además, este sufrimiento de los suspenses hace aumentar nuestras capacidades de aprendizaje ya que el cerebro intentará evitar las acciones que le produzcan malestar.

3. ¿Por qué reaccionamos de forma brusca a las noticias y tomamos decisiones de las que nos arrepentimos después?

Nuestro cerebro intenta en todo momento dar una explicación lógica a la realidad y está constantemente buscando patrones. Es el producto de millones de años de evolución que nos ha permitido sobrevivir y llegar hasta donde estamos hoy. Nuestros antepasados intentaban predecir el comportamiento de los depredadores, el crecimiento de las frutas, el cambio de temperaturas y las conductas de los clanes rivales. Nosotros intentamos prever el posicionamiento de una línea de productos en el mercado o la variación en el precio de la acción de una determinada compañía. A nuestro cerebro no le gusta no saber y buscamos explicaciones que en numerosas ocasiones se antojan absurdas. De este modo tendemos a ver dragones o caras en las nubes, seres míticos en las constelaciones a las que incluso hemos dado nombre, caras que aparecen en rugosidades de las paredes (como la imagen de Hugo Chávez en el metro de Caracas) y siluetas en las manchas de un papel. Esta misma búsqueda de patrones es la que nos lleva a explicar los movimientos bursátiles (siempre a posteriori) e indagar el motivo por el que un producto ha triunfado o no en el mercado. Y cuando las cosas no se producen según el patrón que nos hemos creado, nuestro cerebro reacciona de forma desmedida.

Las neuronas fusiformes de la corteza cingulada anterior son las encargadas de codificar el sentimiento de sorpresa cuando un acontecimiento no se produce de la manera esperada. No hay duda de que otras regiones cerebrales también están implicadas en la codificación de la sorpresa, aunque esta zona es la que más se ha estudiado. Estas neuronas tienen una característica propia que explica nuestro comportamiento cuando un hecho no se produce como esperábamos y es que producen una respuesta brusca que supone la base para un comportamiento explosivo. Y esto es así porque nos ha supuesto una ventaja evolutiva: el cerebro se ha desarrollado hasta ser capaz de producir una respuesta brusca cuando algo no se cumple según nuestro patrón de entendimiento con el objeto de evitar los peligros.

Si algo no sucede como nosotros pensamos, echamos a correr y nos lo preguntamos después. Cuando estábamos en el Paleolítico y se movían unas ramas a nuestro alrededor echábamos a correr y no preguntábamos si ahí se escondía un depredador, comportamiento que nos ha permitido sobrevivir a lo largo de los milenios. Si hoy en día se produce un acontecimiento que no esperamos (recordemos los atentados de las Torres Gemelas de Nueva York) y todos respondemos de la misma manera, echando a correr (lo que hoy se traduciría por vender las acciones de las compañías que tengamos en cartera), podemos crear un declive mundial de la economía que nada tiene que ver con la supervivencia de la especie.

Las neuronas fusiformes de la corteza cingular anterior se han especializado en integrar grandes volúmenes de información y crear respuestas rápidas emocionales que intentan huir del peligro. Este sistema no busca una respuesta rápida sino que intenta preservar la supervivencia, lo que puede originar importantes equivocaciones en el mundo empresarial, como vender de manera apresurada las acciones después de que se haya producido el anuncio de malos resultados en una compañía.

Se ha comprobado que la respuesta de estas neuronas es asimétrica, dependiendo del tipo de noticia y la brusquedad de reacción no es la misma si la noticia es positiva o negativa. Nuestro cerebro se ha especializado en evitar las situaciones de peligro y, como tal, huimos de las situaciones que lleven incorporadas alguna sensación de riesgo. Sin embargo, no nos lanzamos de una manera tan apresurada tras una posibilidad de recompensa.

Volvamos a nuestro hombre primitivo que es el origen de los comportamientos actuales. Si veía un posible depredador, huía intentando preservar su vida, provocándose por lo general una respuesta rápida y mal controlada con el único objetivo de sobrevivir. Si, por el contrario, vislumbraba una recompensa, la reacción era mucho más lenta y racional, permitiéndose establecer y desarrollar una estrategia para conseguirla. En el mundo actual persiste el mismo planteamiento: responderemos de un modo mucho más brusco ante una posibilidad de pérdida que ante una de ganancia y, de este modo, cortaremos nuestra relación con algún empleado o cliente que nos ha defraudado de un modo mucho más rápido a como firmaremos un nuevo contrato.

Por suerte, podemos identificar aquellas situaciones en las que nos están guiando las emociones y no podemos pensar de un modo racional al haberse producido una sorpresa, ya que se desarrollan síntomas somáticos. La región cerebral de la corteza cingulada se encuentra unida a diferentes estructuras como el hipotálamo, la cual se encarga de controlar algunas funciones automáticas como la frecuencia cardíaca, la frecuencia respiratoria o la presión arterial. De este modo, cuando mayor sea la sorpresa más van a ser los síntomas involuntarios que nos acompañan. Si sufrimos una sorpresa negativa, porque se ha perdido un patrón que creíamos que se mantendría, se nos acelerará la frecuencia cardíaca, respiraremos más rápido, nos subirá la tensión arterial y un sinfín de manifestaciones más que nos permitirán percatarnos, si conocemos las últimas investigaciones del *neuromanagement,* de que se está produciendo una rotura de un patrón y que nuestro cerebro tiene una especial tendencia a tomar una decisión emocional que, casi con seguridad, en el mundo de hoy será errónea.

8

Neurobiología de la atención y utilidades prácticas

> «La capacidad de atención del hombre es limitada y debe ser constantemente espoleada por la provocación».
>
> Albert Camus

Si consiguiésemos que nos prestasen mayor atención en el trabajo nos sería mucho más fácil transmitir nuestras ideas a los jefes, empleados o clientes. Si preguntamos a cualquiera de los lectores, todos sabrán definir en sus palabras qué es la atención. Aunque se trata de un proceso que se define de forma simple, desde el punto de vista biológico se trata de un proceso muy complejo para el que solo los más recientes avances de la neurociencia están comenzando a vislumbrar.

El proceso de atención consiste en focalizar de manera selectiva nuestra consciencia para filtrar aquella información sensorial que no nos es útil y que se escapa de nuestro objetivo. Esta función cerebral precisa bloquear la percepción de estímulos que se procesan en paralelo al que es nuestro objetivo y la activación de unas áreas cerebrales concretas en detrimento de otras. Ahora bien, saber cómo activar estas áreas en el sujeto que tenemos en frente de nosotros no es tarea fácil, pero la neuroeconomía y el *neuromanagement* están consiguiendo aportar importantes avances en este sentido. Desde el punto de vista de la neurociencia la atención es un estado neurocognitivo cerebral de preparación que precede a la percepción y a la acción.

Por lo general cuando nos presentamos ante una persona con la que queremos establecer una relación de cualquier tipo, no lo hacemos solo nosotros, sino que tenemos que competir con una serie de estímulos del mundo que nos rodean, que se presentan en el mismo momento que nosotros, y que nos pueden robar esa atención que estamos buscando. Además, el ser humano es más complejo aún, ya que puede dirigir su atención hacia su mundo interior, fuera del contexto de los estímulos sensoriales que está percibiendo en ese momento. Imaginémonos que estamos en una discoteca y que queremos entablar una relación con una potencial pareja, para lo cual deberemos primero captar su atención. Con nosotros estarán compitiendo no solo otras posibles parejas que rivalicen con nosotros, sino los focos, el ruido de la música, los acompañantes de la persona a la que nos queremos acercar y un sinfín de estímulos potenciales con los que tendremos que luchar. Además, por si esto no fuese suficiente, esa persona puede comenzar a buscar otros estímulos interiores y pensar en los problemas de su vida cotidiana, aquel examen que tiene que realizar cuando acabe el fin de semana, su familia o cualquier otra cosa que pase por su cabeza en ese momento. Todos estos estímulos no son sino enemigos con los que tendremos que luchar y que deberemos conocer si queremos captar la atención de esa potencial pareja. Por supuesto, el mismo ejemplo sirve cuando nos queremos dirigir a nuestro jefe, un cliente, nuestros empleados o un auditorio.

1. ¿Cómo hago para que me miren?

Nuestro sistema visual está recibiendo estímulos de manera constante y solo podremos centrarnos en algunos de ellos, ya que somos incapaces de estar prestando atención a la vez a todos aquellos objetos que deseamos. Si el jefe del departamento está leyendo un correo electrónico importante que ha recibido esa misma mañana o el proyecto de alguien que está compitiendo con nosotros por el mismo puesto esos son sus focos en el momento actual. Nosotros debemos entonces ser capaces de saber qué estímulos utilizar para convertirnos en captadores de atención más potentes que aquellos en los que está focalizado en ese momento.

Desde el punto de vista visual hay que tener en cuenta que la atención de los ojos se atrae de dos formas diferentes, según la parte del ojo que utilice la persona. Grosso modo podemos decir que el centro de la retina, encargada de la visualización de la parte central del campo visual, es la que se encarga de ver los colores y de analizar los objetos con una gran capacidad para la discriminación de los detalles. Por su parte, la región periférica de la retina se encarga de analizar el movimiento y será más fácilmente atraída por él. Por ejemplo, si queremos leer un texto con el tamaño de letra muy pequeño deberemos mirarlo directamente para poder conseguir un suficiente nivel de detalle que nos permita una correcta discriminación del texto, lo cual no conseguiremos si miramos de forma periférica. Sin embargo, seremos capaces de percatarnos del movimiento mucho mejor con la región lateral de la retina y del campo visual. Si queremos ver unas luces de neón que se encienden y apagan un gran número de veces por segundo y las miramos fijamente, nos costará ver ese cambio mucho más que si miramos a dicha luz de forma lateral.

Esto tiene especial implicación en el mundo del marketing, ya que si queremos llamar la atención a los potenciales clientes y solo nos podemos dirigir a ellos desde un lateral será mucho más fácil captarla si lo hacemos utilizando algo que se mueve. Imaginemos un gran pasillo de un aeropuerto donde los pasajeros se trasladan a través de una cinta mecánica y la mayoría de ellos se encuentra mirando hacia el frente. Si queremos invertir en publicidad, no tendrá mucho sentido que utilicemos colores vistosos e imágenes llamativas en las paredes laterales para captar la atención de los clientes, puesto que estarán observando estas con la región periférica de la retina.

Si invertimos utilizando cualquier tipo de publicidad en la que haya movimiento o cambie de color tendremos una clara ventaja frente a la competencia, porque estaremos consiguiendo que los pasajeros perciban mucho mejor nuestra publicidad que la de otras compañías y estos se girarán para saber más de nuestra empresa.

Este caso es solo una de las posibilidades de aplicación de esta técnica. Por ejemplo, si estamos sentados al lado de nuestro jefe, sabemos que si utilizamos cualquier tipo de movimiento vamos a ser capaces de captar más fácilmente su atención. Cuando estamos en un restaurante y queremos llamar la atención del camarero sabemos que podemos hacerlo con mayor facilidad si tenemos nuestro brazo en movimiento, y sabremos que solo nos mirarán si llevamos un traje llamativo si nos presentamos de frente a quien queremos que nos mire.

Cuadro 8.1 Zonas de visión en el ojo humano

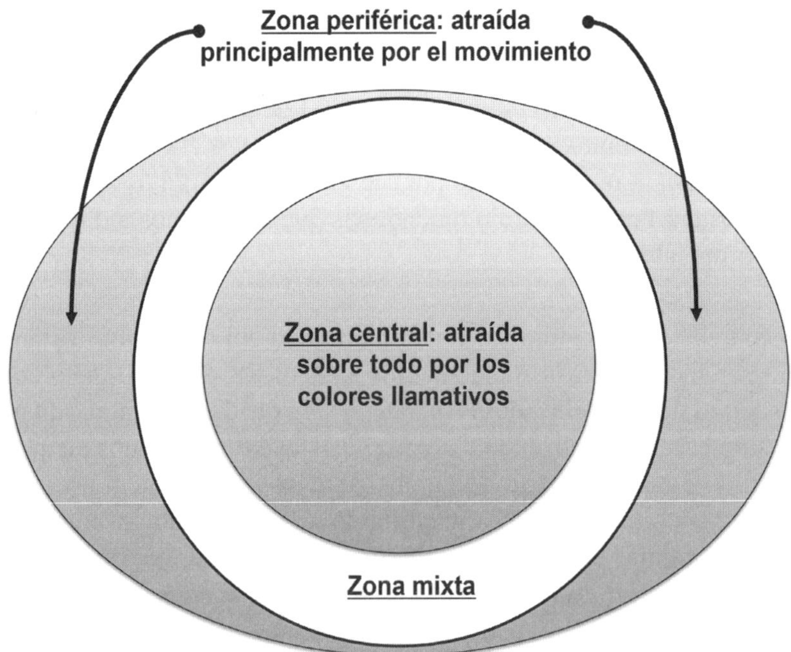

El campo visual, que es la zona que somos capaces de ver empleando los dos ojos, tiene una forma ovalada. En ella se distinguen tres partes: una zona periférica que es más fácil de atraer mediante los estímulos en movimiento, una zona central que es atraída sobre todo por el color, y una zona mixta que responde a ambos tipos de estímulos.

2. ¿Cómo decide nuestro cerebro a qué atender y a qué no?

Para que el sistema nervioso se focalice sobre un estímulo concreto, por ejemplo que nuestro jefe preste atención a nuestro correo electrónico o a lo que le estamos diciendo, el cerebro precisará integrar la información que le llega desde diferentes orígenes y dotarla de un cierto grado de importancia, que debe ser mayor que la de los diferentes estímulos a los que hemos dejado de atender. Los distintos objetos a los que podemos prestar atención están compitiendo entre sí para captar el interés de nuestro cerebro y les damos importancia dependiendo de lo que representen para nosotros. Por ejemplo, nuestra pareja no despierta en nosotros el mismo grado de atención de lo que lo hace otra persona que no conocemos, de tal modo que la ecuación que nos da el grado de interés que cada estímulo suscita en nosotros es diferente para cada persona. Por ello, debemos intentar averiguar qué es lo importante para nuestro interlocutor si queremos que se fije en nosotros.

Cuando nuestro cerebro decide dirigir la atención sobre un estímulo concreto se producen dos procesos que son complementarios: por un lado, se intensifican los mecanismos de motilidad, sensitivos y de cognición asociados al estímulo que nos interesa (es decir, nuestro cerebro aumenta su capacidad para absorber el máximo de cualidades de dicho objeto); y, por otro lado, se reduce o suprime la competencia de otros estímulos. El ejemplo del conductor que se choca con otro coche, por mirar a la chica guapa que pasaba por su lado, es un claro modelo de cómo el cerebro se centra en un estímulo dejando de lado todos los demás.

En los procesos cerebrales donde la atención está representada por una extensa red de conexiones corticales y subcorticales de predominio hemisférico derecho, se ponen de manifiesto estas diferencias de activación, y se han identificado redes neuronales concretas que se intensifican y otras que son suprimidas cuando el individuo se focaliza en una determinada actividad o estímulo.

Ahora bien, por mucho que nos guste la chica que camina por la acera mientras nosotros vamos conduciendo hay determinadas acciones que no dejamos de hacer, e incluso la gran mayoría de nosotros no tendremos un accidente de tráfico. Esto es debido a que por mucho que nos interese un determinado estímulo permanece un cierto grado de alerta a la información desatendida, lo que se ha denominado atención automática, que implica que el cerebro maneja de forma inconsciente la información que nos llega. Este hecho es muy importante en el mundo empresarial y de los negocios ya que supone la base de la publicidad subliminal. Se sabe que las imágenes subliminales, aquellas de las que no somos conscientes, atraen la atención de nuestro cerebro. Si insertamos imágenes en una película o un videoclip de un determinado producto, nuestro cerebro se percatará de tales imágenes ya que atraen su atención, aunque nosotros no seamos conscientes de que estamos siendo bombardeados por dichas imágenes. Basta con que la retina alcance una imagen, aunque la persona no lo perciba de manera consciente, para que esta tenga impacto en la actividad de la corteza visual, zona cerebral encargada de percibir las imágenes que se proyectan en la retina.

Por ejemplo, si nuestro jefe tiene que elegir entre dos proyectos y conseguimos identificar el nuestro con un determinado color, podremos hacer que se acuerde del nuestro en lugar del de la competencia si colocamos cualquier estímulo del mismo color cerca de él. Su cerebro lo percibirá y posiblemente lo relacionará de forma inconsciente con el proyecto que le hemos presentado, haciendo que tengamos una ligera ventaja frente al de la competencia.

3. ¿Cómo manipular la atención?

La neuroeconomía tendría poco interés si solo estudiase los procesos cerebrales de atención y no nos diese una lista de recomendaciones prácticas para potenciar dicha atención en nuestro beneficio. Pues bien, si sabemos cómo podemos aumentar la atención de nuestros clientes y empleados, estaremos en una clara ventaja competitiva frente a otras empresas. Ahí van:

- La atención aumenta con las cosas nuevas, cuando aprendemos algo que no conocíamos. De ese modo, cualquier originalidad que asocie el producto que estamos presentando captará la atención de nuestro interlocutor. Indudablemente no hace falta realizar la presentación de resultados de la empresa vestido de Superman (lo cual aumentaría la atención del público), pero sí que conseguiremos potenciar su interés si utilizamos un programa novedoso para su presentación en lugar del clásico Power Point, cambiamos el orden del contenido, incluimos fotografías o colores originales o si introducimos cualquier elemento externo que no hacemos de manera habitual. En ocasiones se explota esta vía de la originalidad hasta límites insospechados para que los demás dirijan sus miradas hacia nosotros. Por ejemplo, todos recordamos a Ruiz Mateos ante la prensa disfrazado de Superman con el logotipo de Rumasa o a Bill Gates duchándose con agua helada para captar la atención.

- Nuestro cerebro no siempre presta atención del mismo modo. Cuando hablamos con una persona debemos saber que estará atento a lo que le contemos al final y al principio de nuestro discurso. Cuando empezamos una presentación, encontraremos al público entregado al principio, para luego bajar el interés (de nosotros depende que esto no suceda) y volver a subir cuando estamos terminando (sobre todo cuando escucha la palabra «conclusiones»).

Cuadro 8.2 Nivel de atención de la audiencia

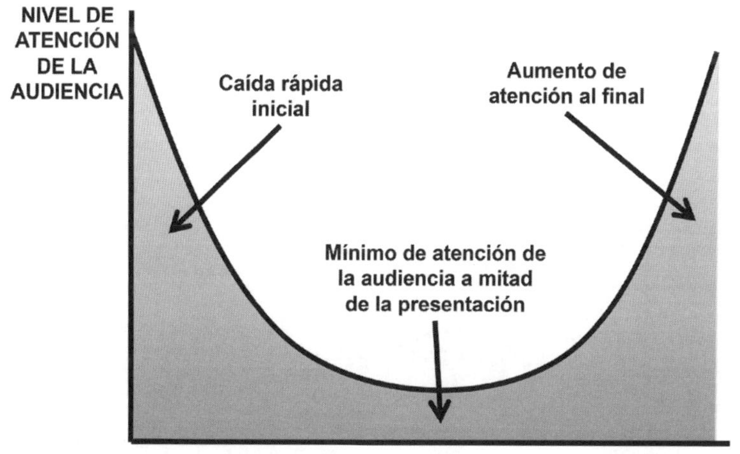

Cuando damos un discurso, ya sea a una persona o a un auditorio completo, la atención bajará rápidamente al inicio y volverá a subir al final. Esos son los momentos que debemos aprovechar para lanzar nuestro mensaje.

- El cerebro sigue sus propios ritmos biológicos y su grado de activación no es el mismo a lo largo del día. A todos nos resulta muy difícil acostarnos a las siete de la tarde y mantenernos activos durante la madrugada. Esto es así porque el cerebro libera una hormona que se llama melatonina en base a los rayos solares que recibimos determinando nuestro grado de activación cerebral y, por ende, el grado de atención que somos capaces de prestar. Nuestro nivel de actividad cerebral baja después de comer (coincidiendo con la famosa siesta) y de madrugada, por lo que estas son las peores horas para intentar que nos presten atención. Todos sabemos que los ponentes que hablan después de comer tienen al público en contra.

Cuadro 8.3 Nivel de atención a lo largo del día

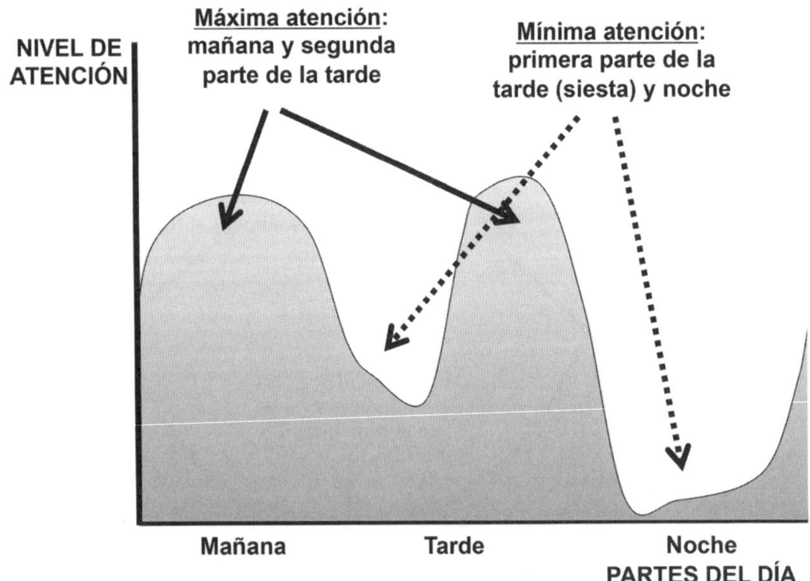

Los niveles de atención fluctúan a lo largo del día. Por la mañana y a partir de las seis de la tarde son los momentos en los que es máxima, mientras que después de comer y por la noche es mínima y nos cuesta más prestar atención.

- Además del ciclo que mantiene el cerebro a lo largo de todo el día, el cual recibe el nombre de circadiano, existen otros ciclos de menor duración que se llaman ultradianos. De ellos, los más importantes son los que experimenta el cerebro cada, aproximadamente, hora y media y que se asocian a una serie de cambios en nuestro organismo. Por ejemplo, a lo largo del día vamos cambiando de manera alternativa la fosa nasal por la que respiramos. Al cerebro le resulta difícil mantener la atención durante más de hora y media, por ello es recomendable no programar ponencias o reuniones que sobrepasen ese tiempo. Si es así es preferible hacer un cambio de ciclo (alternar de ponente, de tema, tomar un café, etc.) y proseguir después.

- La forma más fácil de captar la atención es romper un patrón, hacer algo inesperado y sorprender a nuestro público. Cambiar el color de una diapositiva, el tamaño de la letra o inflexiones de la voz durante una ponencia son métodos simples para romper un patrón.

- Algunos tipos de música parecen aumentar la capacidad de atención. Experimentos realizados en niños que participan en orquestas escolares sugieren que los que han sido expuestos a música en la infancia son capaces de recordar más palabras de una lista que aquellos que no tienen ningún tipo de influencia musical.

- La atención se muestra imprescindible cuando queremos aprender determinadas tareas. Por lo general el aprendizaje requiere la activación de gran parte de la corteza cerebral y la focalización en aquella actividad que queremos aprender. Con el paso del tiempo, la atención que necesitamos para realizar una actividad ya aprendida irá descendiendo y podremos realizarla de forma automática, como montar en bicicleta. Se ha comprobado que en estos casos la corteza cerebral deja de participar en los actos que ya son automáticos salvo que se produzca algo novedoso, lo cual precisará una nueva atención consciente.

- El exceso de información tiene unos resultados negativos en la captación de la atención ya que se puede llegar a convertir en una distracción para el cerebro. Este problema requiere el nombre de «infoxicación», y puede ser la causa para que nuestro jefe o clientes dejen de prestar atención a lo que les estamos contando. Cuanto más fáciles y menos sean los datos que les presentemos, más sencillo será que mantengan la atención hasta el final. Llenar un proyecto de datos complicados es la mejor manera para que los potenciales clientes no terminen de leerlo.

- Las distracciones son otra forma muy clara de perder la atención. Deberemos evitar las más comunes como los móviles o las interrupciones de los demás cuando estamos intentando presentar un proyecto.

- Los hombres y las mujeres prestamos atención a cosas diferentes y todos aquellos estímulos que lleven asociados un componente emocional captarán más la atención de ellas que de ellos. Por ejemplo, será más fácil atraer la atención de las mujeres que de los hombres si el estímulo que queremos presentarles viene acompañando de algo con emocionalidad positiva (una fotografía de una pareja, un corazón) o negativa (imágenes de pobreza, cadáveres, injusticias sociales).

Como vemos existen varios modos para controlar la atención de nuestros empleados, clientes y consumidores que les pueden hacer más manipulables a nuestros propósitos. Sin embargo, también parece ser que la capacidad de atención es diferente de una generación a otra y que ha cambiado en los últimos años. Existen numerosos estudios que sugieren que las nuevas tecnologías están modificando nuestras cualidades. Se sabe que trabajar con el sistema operativo Windows requiere una mayor necesidad de atención por el hecho de estar trabajando con varias «ventanas» a la vez, y tener que estar focalizándonos en varias tareas al mismo tiempo. No es lo mismo trabajar con varias cosas a la vez que con una sola, ya que las múltiples tareas suponen un estímulo adicional en el desarrollo que potencia nuestra capacidad de atención. Esta influencia del sistema operativo, que hoy en día usamos casi todos, solo afecta nuestra capacidad de atención si hemos empezado a trabajar con él antes de los 24 años, ya que se supone que si comenzamos a utilizarlo a una edad mayor, nuestro cerebro no va a producir cambios morfológicos que lo lleven a tener una mayor capacidad de trabajo con varias cosas a la vez.

También se ha comprobado que aquellos niños y adolescentes que juegan a videojuegos tienen una capacidad superior a los que no lo hacen, quizás por el grado de focalización que requieren estas aplicaciones.

El *neuromanagement* no solo nos permite manipular el grado de atención de nuestros clientes y empleados, sino que podemos saber cómo será el nivel de concentración de las generaciones futuras y actuar en consecuencia.

9

Diferencia en la toma de decisiones entre hombres y mujeres

«En sociedades destrozadas por la guerra, frecuentemente son las mujeres las que mantienen a la sociedad en marcha […]. Usualmente son las principales defensoras de la paz».

Kofi Annan

No hace falta ser neurocientífico para saber que los cerebros del hombre y de la mujer distan mucho de ser iguales. Si hablo de aquel sexo al que le gustan las telenovelas, ir de compras o los cotilleos, sabéis a quienes me refiero. Si, por el contrario, hablo de ver películas de acción, el fútbol, la lucha libre, y que son capaces de entender los mapas, también sabéis de quien estoy hablando. Muchas de estas diferencias de comportamiento son reales y otras no. Las que son ciertas, algunas son adquiridas y otras genéticas. Sin embargo, hay una cosa de la que no existe la menor duda: los hombres y las mujeres nos comportamos de forma diferente y saberlo nos puede ayudar a organizar nuestra empresa.

En la actualidad en casi todas las compañías existen hombres y mujeres, lo que da lugar a un modelo de comportamiento diferente del que existía en el siglo pasado, cuando la mayoría de las empresas estaban compuestas sobre todo por hombres. El hecho de que los hombres y las mujeres actúen de forma diferente nos permitiría, como gerentes de organizaciones, individualizar los quehaceres y adaptar los recursos de los que disponemos.

1. La competitividad, ese rasgo masculino

Una de las principales diferencias entre el comportamiento laboral masculino y femenino es la competitividad, y se sabe que se debe sobre todo a la testosterona, hormona fundamentalmente masculina aunque también está presente en pequeñas cantidades en las mujeres.

Se sabe que la testosterona aumenta de manera considerable en los atletas antes de una competición y mejora su rendimiento deportivo. Los numerosos estudios realizados al respecto sugieren que los niveles altos de esta hormona preparan a los deportistas, los motivan y potencian su agresividad y capacidades físicas ante una prueba. Recordemos la agresividad y mejora del rendimiento que necesitaban los hombres de los primeros *homo sapiens* y entenderemos por qué esta hormona es propia del género masculino. En el mundo de hoy se ha comprobado que la testosterona nos hace ser más agresivos y competitivos en la gestión empresarial y en las decisiones económicas, y que mejora nuestro rendimiento. Por ejemplo, se ha comprobado que los brókeres que tienen mayor cantidad de testosterona arriesgan más en el mercado bursátil y consiguen mayores beneficios, así como que la testosterona también aumenta cuando hemos conseguido un éxito económico o cualquier situación que mejora el prestigio social o el estatus, como cuando conseguimos una promoción en el trabajo, presentamos la tesis doctoral o vendemos acciones con beneficios.

Esta búsqueda de competitividad y de reconocimiento social que produce la testosterona lleva a los hombres a buscar un mayor liderazgo que a las mujeres. Sin embargo, el hecho de que en las sociedades de hoy el que triunfa no sea el líder más agresivo y más competitivo, sino el que tiene mayor capacidad de interacción social hace que los triunfadores sean los que poseen un equilibrio ideal de hormonas.

Las diferencias de comportamiento grupales entre los hombres y las mujeres aparecen desde la infancia, lo cual está a favor de que las distintas conductas estén se relacionan con los diferentes niveles de hormonas sexuales. Existen varios estudios orientados a evaluar el comportamiento grupal de los niños y niñas en sus juegos. Por un lado, los niños juegan en grupos grandes y heterogéneos, mientras que las niñas tienden a conformar grupos más pequeños con un número de participantes en los juegos entre dos y cuatro. Los tipos de juegos también cambian: los de los niños son más competitivos en los que se requiere mayor grado de habilidad y se originan numerosas disputas que superan rápido, a veces con comportamientos agresivos entre los diferentes miembros del grupo; por su parte, los juegos de las niñas son menos agresivos y más sociales donde el éxito de una no depende del fracaso de otra. Por otro lado, las niñas preferían interrumpir los juegos antes que poner en riesgo la sensación de amistad o ser heridas, mientras que en los niños primaba la competitividad aunque tuvieran que arriesgar su amistad o, incluso, su propia integridad física.

Estas diferencias en la organización de los grupos infantiles masculinos y femeninos cambian según la cultura y la sociedad, e influyen en las mentes de los futuros adolescentes y adultos. Sin embargo, por mucho que nos adaptemos a la sociedad, permanecen ciertas características de nuestro comportamiento primitivo en nuestra etapa adulta, lo cual se traduce en comportamientos empresariales distintos para ambos géneros. Un ejemplo de competición entre equipos masculino y femenino tuvo lugar en la carrera de yates de la Copa América. El equipo femenino, aun estando perfectamente preparado, perdió la prueba, lo cual llevó a estudiar los procesos de toma de decisiones que se habían desarrollado en los momentos críticos de la competición. La gran diferencia se encontró en que las mujeres decidieron discutir de forma conjunta qué decisión tomar, premiando al equipo en su conjunto, mientras que los hombres optaron por seguir las órdenes de uno de los miembros que se había erigido en líder del grupo, lo que les llevó a tomar decisiones más rápidas que las del equipo rival y, como consecuencia, ganar la prueba. La elección del líder del grupo de los hombres se realizó porque era el que mayores conocimientos de la regata tenía, además de mostrar seguridad en sí mismo. A diferencia de las mujeres que decidieron la estrategia por negociación y votación, los hombres eligieron un líder que permitió actuar con mayor velocidad y ganar la prueba.

Todo esto tiene representación en el mundo empresarial. Los hombres tienen mayor independencia en la toma de decisiones empresariales que las mujeres y respetan mejor la jerarquía que estas.

Otra de las curiosidades de la testosterona es su papel en la creación de los líderes masculinos. Se ha realizado un experimento en el que se juntaban hombres jóvenes con una chica muy atractiva para que compitiesen entre ellos. El desafío, muy similar al que realizan los animales hasta que uno de ellos se erige como macho alfa, estuvo más controlado por la cantidad de testosterona de los jóvenes de lo que ellos supusieron. Se relacionó la concentración de esta hormona en sangre con las posibilidades que tenían para dominar el grupo y conquistar a la atractiva joven. Además se comprobó que esta hormona también estaba relacionada con el hecho de que la opinión de un joven predominase sobre la de los demás del grupo y, por lo tanto, con la posibilidad de convertirse en líder.

En el surgimiento de los líderes de hoy, además de la concentración de testosterona en la sangre, están implicadas otras cualidades como la edad, la cultura, la formación o los contactos. Sin embargo, visto los resultados de los estudios sobre el papel de esta hormona en el liderazgo de las sociedades, no sería recomendable obviar su interés.

2. El trabajo en equipo, ese rasgo femenino

La tendencia de las mujeres a formar grupos y evitar la competitividad y las discusiones crea una mayor facilidad para trabajar en equipo que a los hombres, sobre todo cuando no existe un líder.

En grupos pequeños, donde no hay un líder definido, las mujeres tienen mayor tendencia a escuchar y a dar la palabra a aquellos que aportan menos y no muestran su liderazgo. Todas participan en mayor o menos media y consiguen ponerse de acuerdo en la mayoría de las cuestiones. Tienen mayor capacidad de empatía y de ponerse en el lugar de los demás, así como de percatarse de sus sentimientos y de su estado de ánimo. En los grupos de hombres suele surgir un líder y el resto tiende a seguirle, tomando decisiones más rápidas donde se tienen menos en cuenta los sentimientos de los demás, se persiguen solo los objetivos y se establece y define con mayor facilidad el reto. Dicho de otra forma, los hombres le dan más importancia al fin y las mujeres a los medios.

Estas diferencias de comportamiento también surgen en las entrevistas de trabajo que realizan los grupos de recursos humanos. Si bien los hombres enfatizan su confianza en sí mismos, en lo que valen y en lo que pueden aportar a la empresa, las mujeres destacan el trabajo en equipo y ven el grupo como el medio para que la empresa cumpla sus objetivos, restando peso a su papel personal.

Otra diferencia estriba en el comportamiento entre ambos géneros a la hora de pedir ayuda a algún compañero con el que han perdido la relación personal. Si bien los hombres no dudan en llamar a un antiguo compañero al que no han visto en años para pedirles un favor, las mujeres se niegan a hacerlo, ya que han perdido la relación personal de confianza que ellas necesitan.

Los hombres tienen más posibilidades de mezclar su vida personal y laboral. Si bien ellas aprovechan el tiempo en la oficina y no dudan en hacer lo posible por establecer una buena relación con el jefe, ellos son más proclives a estar más dispuestos a llevarse el trabajo a casa y estar localizables en caso de que les necesiten.

Es indudable que ninguno de los dos modelos de trabajo es mejor que el otro y el modo más óptimo de actuar dependerá del tipo de empresa en la que trabajemos y de los objetivos que persigamos. Unos conocimientos adecuados de *neuromanagement* permitirán a un gestor potenciar las habilidades de ambos sexos en el seno de una empresa, sacar partido a la parte más humana y sociable de ellas, y aprovechar la flexibilidad, liderazgo y capacidad para tomar decisiones de ellos.

La búsqueda de creación de relaciones de confianza en las mujeres tiene su traslación al mundo del marketing, ya que también son más proclives que los hombres a establecer una relación con una determinada compañía o marca. Ellas valoran más que ellos el hecho de utilizar una marca concreta con la que hayan tenido una buena experiencia en el pasado, le dan más importancia a la calidad de los productos y no les importa pagar más si la empresa les ofrece otras facilidades como un buen trato, un adecuado servicio de atención al cliente o la posibilidad de devolución. Los hombres, por su parte, prefieren hacer las cosas por ellos mismos, no les interesan las facilidades que les ofrecen y no les importa no adquirir determinadas marcas o trabajar ellos mismos si con ello consiguen ahorrarse dinero. Si pensamos en expresiones como: «siempre quieres hacerlo tú, ya te dije que debimos haber llamado al electricista», «ya está papá intentando arreglar las cosas él solo» o «ya dije que no merecía la pena ahorrarse el dinero», sabemos perfectamente de qué sexo son propias.

3. La capacidad de asumir riesgo, otro rasgo masculino

¿Hubiese quebrado Lehman Brothers si se hubiese llamado Lehman Sisters? Posiblemente no y es que la gran cantidad de decisiones arriesgadas que buscaban el dinero fácil fueron llevadas a cabo por hombres. Si las inversiones hubiesen sido realizadas exclusivamente por mujeres quizás no hubiésemos tenido el gran apalancamiento de los últimos años de la primera década de este siglo, los productos tóxicos hubiesen sido menores y el riesgo aceptado hubiese sido mucho menor. Y es que las mujeres tienen menos capacidad para asumir riesgo y tomar decisiones rápidas que los hombres.

Las mujeres, en términos generales, precisan más información para tomar decisiones y estas son más lentas y con menos riesgos. Suelen leer las características de los productos antes de adquirirlos, las opiniones de los hoteles antes de reservarlos y valoran la información que les dan otros conocidos o expertos en el tema. Revisan más la publicidad y la información que obtienen de la web del producto que les interesa. Valoran más que el producto sea de una determinada marca y pueden hacerse fieles si les han dado buenos resultados.

Los hombres suelen tomar decisiones mucho antes, precisan menos información para decidirse y por lo general asumen mucho más riesgo, sobre todo si son jóvenes, lo cual suele ir asociado al exceso de confianza. Por ejemplo, en un estudio llevado a cabo en inversores bursátiles, se comprobó que los hombres tomaban muchas más decisiones de compraventa de acciones que las mujeres, las cuales tenían que tener muy claro el motivo de la compra. En concreto, los hombres realizaban hasta un 45% más de operaciones que las mujeres, lo cual no se traducía en mayores rentabilidades, que eran del 1,4% menos pasado un año. Estos datos no se correspondían con las rentabilidades obtenidas con operaciones realizadas en el mismo día, que eran mayores en los hombres. Estas cifras eran aún más extremas si se comparaban los hombres solteros con las mujeres solteras, donde ellos realizaban el 67% más de operaciones y obtenían el 2,3% menos de rentabilidad en un año.

En ocasiones estas tendencias a asumir riesgo de los inversores jóvenes pueden llegar a originar grandes problemas y hay muchos casos de jóvenes inversores agresivos que han llegado a quebrar entidades bancarias. Por ejemplo, el joven Nick Leeson llevó a la quiebra a la banca Baring en 1995, una de las más grandes del Reino Unido con 223 años de historia, por realizar operaciones con un enorme riesgo y apalancamiento. En 2007 y 2008, Jérôme Kerviel, un joven bróker de 31 años, hizo perder a Société Générale más de 4.900 millones de euros por inversiones enormemente apalancadas que facilitaron que los índices europeos llegasen a registrar en tres días pérdidas superiores al 10%.

Esta dificultad para asumir riesgos se hace patente en el desarrollo de la carrera profesional de algunas mujeres, las cuales prefieren no realizar determinadas acciones por evitar arriesgarse y por el miedo al fracaso. Los hombres tienen mayor tendencia a arriesgarse con acciones, fallar y volverlo a intentar lo cual a largo plazo aumentan sus posibilidades de éxito.

4. La memoria emocional, otro rasgo femenino

¿A qué marido no le ha recordado su mujer aquel día en el que él hizo algo mal? En muchas ocasiones el pobre marido ni siquiera recordará qué es lo que sucedió a pesar de que su mujer se enfade por ese motivo una y otra vez. Y es que hay que reconocer que para determinadas cosas ellas tienen mucha más memoria que ellos. Pero esa mayor memoria no es para todo tipo de recuerdos, sino solo para aquellos que tienen un componente emocional asociado. Para comprobar las características de la memoria de ambos géneros se llevó a cabo un estudio en el que se enseñaban tanto a hombres como a mujeres una serie de imágenes y se les pedía que las memorizasen. Algunas de esas imágenes eran objetos sin ningún valor añadido como un libro, un móvil, una casa o una pantalla de ordenador, y otras tenían un claro componente emocional, ya fuese positivo (un corazón, una pareja dándose un beso) o negativo (fotografías de cadáveres, cirugías).

Varios días después se pidió tanto a hombres como a mujeres que enumerasen todas aquellas imágenes que recordaban. Curiosamente no existía ninguna diferencia apreciable para las que no tenían ningún componente emocional aunque sí en aquellas que eran emocionales, para las cuales las mujeres tenían una mayor capacidad para recordarlas. Esta distinta memoria emocional puede explicar las diferentes formas de reaccionar de ambos sexos en diversos contextos. Por ejemplo, en la salida de una crisis económica como la actual, las mujeres recordarán mucho más las inversiones fallidas, sobre todo si han producido alguna emoción asociada, lo cual, junto al menor riesgo que son capaces de tolerar, explica que tarden más en volver a consumir y a invertir que los hombres. Esto tiene una clara y directa aplicación al mundo empresarial: los hombres comenzarán antes a consumir ante una salida de una crisis económica que las mujeres, por lo que los productos que una empresa desarrolle en momentos económicos como el actual deberían ir sobre todo destinados al público masculino e incorporar después los productos femeninos, según vaya calando en la sociedad la idea de la recuperación económica.

La mayor capacidad emocional y de empatía del sexo femenino está presente en un gran número de estudios neurocientíficos. Por ejemplo, se sabe que los hombres y las mujeres no reaccionan igual cuando ven gestos de dolor o tristeza en otros, siendo ellas las que se dejan influir en mayor medida y hacen suya esa tristeza mucho más de lo que lo hacen ellos.

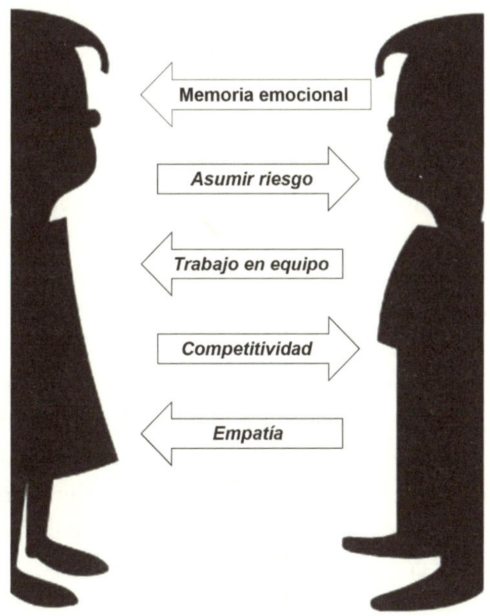

5. ¿Es real la inestabilidad emocional de las mujeres? ¿Afecta a las empresas?

La inestabilidad emocional consiste en una variación de los sentimientos y estados emotivos, además de altibajos emocionales por causas sin importancia. Las mujeres tienen fama de ser una montaña rusa emocional, modificar los afectos «según cambia el viento», lo cual en ocasiones no es entendido por el sexo masculino y puede dar lugar a malentendidos.

Lo cierto es que las características del cerebro femenino vienen dadas por la concentración de estrógenos y progesterona (las hormonas sexuales femeninas), la cual está constantemente variando a lo largo del ciclo menstrual. Por ejemplo, se sabe que los días previos a la regla, en el denominado síndrome premenstrual, los niveles de estrógenos bajan, lo cual parece estar relacionado con momentos de mal humor, sobre todo en algunas mujeres en los que estas variaciones hormonales pueden estar especialmente exacerbadas. Durante este período las decisiones femeninas podrían estar más cerca de las de los hombres, tendiendo a asumir un mayor riesgo y menores comportamientos grupales que en otras fases del ciclo. Además, cuando se producen niveles altos de estrógenos, como durante el segundo y tercer trimestre del embarazo, las mujeres pueden tener una mayor euforia y ser más sociables de lo normal, con una menor tendencia a los comportamientos agresivos y a asumir riesgos. Estos cambios hormonales, que por lo general son leves y en la mayoría de las mujeres solo anecdóticos, apenas deberían influir en el mundo empresarial si son entendibles por el resto de compañeros.

Estas alteraciones hormonales también parecen modificar el patrón de consumo de las mujeres, como si de alguna forma estos altibajos de estrógenos y progesterona les estuviesen diciendo qué deben comprar. Por ejemplo, se sabe que durante los días fértiles del ciclo las mujeres estarán más pendientes de su apariencia física, lo que les lleva a una mayor compra de ropa, productos de aseo y cosméticos, así como un descenso en los productos ricos en calorías ya que esos momentos del ciclo se asocian a una disminución de los niveles de hambre y consumo de alimentos calóricos. Cuando sucede lo contrario, por ejemplo durante el descenso de estrógenos en los días previos a la menstruación, aumenta el consumo de los alimentos calóricos, no importa tanto la apariencia y disminuye la compra de cosméticos. En la actualidad se están ideando programas para que los teléfonos inteligentes puedan avisar sobre el día del ciclo menstrual y de los sesgos de compra de las portadoras.

En definitiva, ninguno de los sexos es claramente superior al otro sino que están dotados de habilidades diferentes, las cuales si son bien aprovechadas podrían suponer una ventaja añadida a la empresa.

10 | La edad y otras influencias en la toma de decisiones

«La juventud, pronta de temperamento, es débil de juicio».

Homero

1. ¿Menores de 30 o mayores de 50? ¿Quiénes son los mejores trabajadores?

Si dirigimos o trabajamos en una empresa con compañeros de diversas edades comprobaremos que los comportamientos de los jóvenes distan mucho de aquellos que tienen unos años más. Estas diferencias se encuentran fundamentalmente en el cerebro y, como tal, las podemos predecir y tener en cuenta a la hora de sacar el mayor partido de las mismas en beneficio de la empresa.

Además, se sabe que estamos atendiendo a un envejecimiento progresivo de la población que cambiará la fuerza laboral en la mayoría de los sectores, no solo porque los clientes serán mayores, tendrán otras necesidades y exigirán otros productos, sino porque los trabajadores de la empresa también deberán ser mayores. En nuestro país se ha aumentado recientemente la edad de jubilación de los 65 a los 67 años, lo cual vendrá seguido en los próximos años por nuevas subidas de esta edad, no únicamente en España sino en el resto de países europeos y otros con pirámides poblacionales similares. Se estima que para 2050 el número total de personas mayores supere al de jóvenes, debido al aumento progresivo de la esperanza de vida y a la menor natalidad. Esto originará una forma diferente de pensar y de tomar decisiones de las sociedades en general.

El estereotipo popular dice que los jóvenes son personas más emocionales e impulsivas, mientras que los ancianos tienen una mayor sabiduría y experiencia acumuladas, son más refractarios a los cambios y menos proclives al riesgo. Lo cierto es que a lo largo de la vida nuestra forma de toma de decisiones va cambiando y eso se puede utilizar para una mejor organización de las compañías.

Algunas regiones del cerebro tardan mucho tiempo en madurar y se puede decir que zonas, como la corteza prefrontal, no están del todo maduras hasta los 25 años. El hecho de que de estas regiones dependa la conducta, provoca que los jóvenes tengan ciertos comportamientos diferentes a los de los mayores.

Los adolescentes, a pesar de que los trabajadores en esta edad laboral son escasos en los países desarrollados, al tener una corteza prefrontal inmadura, presentan más errores de planificación y de formulación de estrategias, por lo que no estarían preparados para dirigir proyectos, sobre todo a largo plazo. También presentan dificultades para corregir sus propios fallos, produciéndose los errores de perseverancia; esto se debe a que les cuesta mucho más que a los adultos cambiar sus conductas o adaptarlas a nuevas situaciones, lo cual explica la rigidez del comportamiento propia de los adolescentes, sobre todo en los primeros años.

La impulsividad de estos jóvenes también se debe a la inmadurez de la corteza prefrontal, sobre todo por una parte que se denomina ventromedial, la cual explica que este grupo de población esté especialmente implicado en conductas de riesgo como el consumo de drogas, los comportamientos antisociales o conductas sexuales arriesgadas. Por ello, los trabajadores jóvenes serían mucho más manipulables y aceptarían realizar trabajos que implicasen riesgo mucho antes que un trabajador con mayor edad.

Los jóvenes tienen otra clara alteración en el equilibrio entre el sistema de recompensa cerebral y el de aversión a la pérdida y es que las recompensas activan más el cerebro de lo que deberían, con lo que es más fácil que se decidan a tomar determinadas decisiones que implican una recompensa, sin evaluar de un modo adecuado los riesgos. Estos datos se han visto reflejados en experimentos con resonancia magnética en los que se ha objetivado que las regiones que se activan cuando percibimos una recompensa potencial lo hacen mucho más en sujetos jóvenes.

Estas características del cerebro adolescente no desaparecen hasta bien entrada la tercera década de la vida. Las emociones e impulsividad parecen protagonizar la toma de decisiones hasta los 25 años, edad en la que la corteza prefrontal ya está totalmente madura y podemos valorar las recompensas de un modo mucho más objetivo. A esta falta de desarrollo cerebral se asocia la escasa experiencia laboral, lo que hace que sus cerebros tiendan a analizar a fondo todos los problemas y a magnificar los acontecimientos, tanto los positivos como los negativos.

A partir de los 25 años los trabajadores son más reflexivos y racionales en la toma de decisiones, el trabajo pasa a ocupar un puesto cada vez más importante en su vida y comienza a aparecer el estrés laboral, el cual se ha comprobado que los sufre hasta en el 80% de los empleados en algún momento de su vida. A finales de la tercera década de la vida hay muchos jóvenes que estudian y trabajan a la vez, lo que implica una mayor carga de esfuerzo. Además, la situación económica actual en la que el mercado laboral escasea (el porcentaje de desempleo en menores de 30 años es superior al 50%), potencia aún más la situación de estrés y de frustración si no se consiguen los objetivos planteados.

Entre los 25 y los 40 años la capacidad de adaptación de los trabajadores continúa. A pesar de que antes se pensaba que el cerebro de los

adultos apenas se modificaba, los más recientes avances de la neurociencia aportan datos a favor de que la corteza prefrontal en muchos
casos se sigue adaptando, modificando y madurando hasta los 40
años, lo que supone una auténtica oportunidad para este grupo de
edad para, desde la experiencia, promocionar en el trabajo, aportar
nuevas ideas y ser capaces de gestionar grupos y tomar decisiones.

A partir de los 40 años el cerebro está maduro y preparado para
tomar nuevas decisiones en las que prima la racionalidad. La impulsividad y las emociones quedan supeditadas a la experiencia y la
objetividad, y es la edad en la que los seres humanos estamos mejor
preparados para dirigir organizaciones y llevarlas al éxito. Sin embargo, los gestores con esta edad también tienen ciertas limitaciones
para dirigir las empresas: la impulsividad, la pasión y la agresividad
comienzan a ceder y, por tanto, las compañías tomarán decisiones
menos arriesgadas y será difícil que estos gestores creen productos
que abran nuevos mercados. Larry Page (creador de Google), Mark
Zuckerberg (Facebook), Steve Jobs (Apple) o Bill Gates (Microsoft)
desarrollaron sus ideas de negocio y llevaron al éxito a sus empresas
antes de los 40. Pasada esta edad, la posibilidad de encontrar genios
que abran nuevos mercados es difícil, pero también será menos probable que los gerentes lleven a la quiebra a sus empresas por asumir
un riesgo excesivo.

Con el paso de los años se va produciendo un deterioro de nuestras
funciones ejecutivas, sobre todo la planificación y la memoria, que
se acompaña de alteraciones en la corteza prefrontal, la cual nos
provoca una cierta dificultad para valorar las recompensas y asignar
el valor a las cosas. Es habitual que en la tercera edad cambien los
gustos, demos prioridad a unos objetos en lugar de otros o estemos
dispuestos a pagar mucho, o muy poco, por determinados productos.
Estos sesgos en la toma de decisiones financieras de las personas de
mayor edad podrían abrir las puertas a la creación de empresas destinadas a cubrir sus necesidades si se desarrollasen las investigaciones
apropiadas.

Existen estudios que tratan de examinar si las personas de mayor
edad toman decisiones realmente diferentes de las personas más jó-

venes y si tienen una mayor aversión al riesgo, como se había sugerido con anterioridad. Uno de los estudios más comunes fue realizado en California, con un total de más 100 pacientes, donde se les realizaban pruebas de imagen cerebral cuando contestaban a determinadas preguntas financieras.

En este estudio, además de preguntarles sobre su estado financiero y sobre el riesgo que serían capaces de asumir con su propio patrimonio, se les pidió que eligieran diferentes opciones de inversión mediante un ordenador. La tarea consistía en elegir entre una opción arriesgada, reflejada mediante una compraventa de acciones y una opción estable, simulada mediante un bono con ganancias estables. Desde el punto de vista estadístico, la opción arriesgada era la que daba mejores resultados de media, aunque estos eran impredecibles. Racionalmente se debería haber elegido siempre la opción arriesgada ya que era la que mejores resultados económicos aportaba. Pues bien, los resultados en personas de la tercera edad mostraron claras diferencias entre el poco riesgo que decían que eran capaces de asumir y el que asumían realmente, lo cual es una completa novedad para la creencia popular.

La explicación radica en que la corteza prefrontal, la región encargada de evaluar de manera racional las recompensas, así como otras estructuras del sistema de recompensa cerebral, comienzan a atrofiarse mostrando una mayor respuesta ante las ganancias que ante las pérdidas, lo cual produce que los ancianos sean inconscientes del riesgo que están asumiendo. De este modo, aunque ellos dicen no querer asumir ningún peligro en sus decisiones financieras, terminan haciéndolo más incluso que en otras etapas de la vida.

Además, se producen otras alteraciones que les llevan a comprender y trabajar peor con los números que la gente joven, lo que contribuye aún más a que sean incapaces de evaluar las recompensas monetarias. Se producen fallos en otras áreas cerebrales que les llevan a anticipar las ganancias en lugar de las pérdidas, lo que les hace más confiados y vulnerables en sus decisiones financieras.

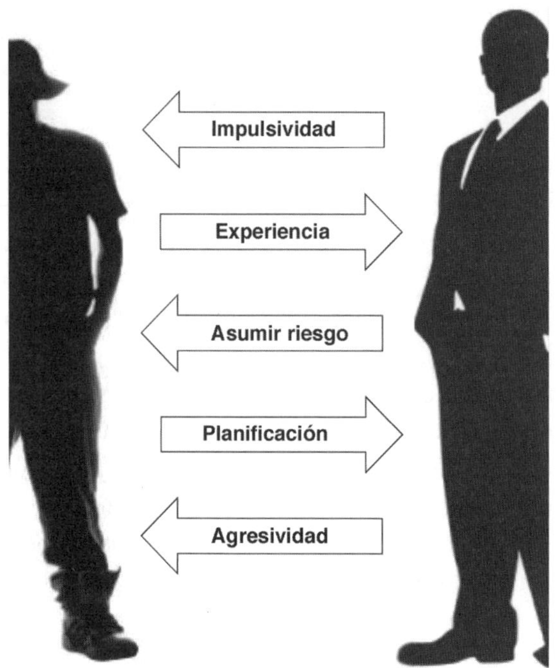

2. ¿Realmente soy yo quien tomo mi decisión?

Aunque casi todos nosotros pensamos que somos libres a la hora de tomar una determinada decisión, con la lectura de este libro ha ido quedando relegada esa idea y nos hemos dado cuenta de que somos muy influenciables por los demás. También hemos visto que estamos determinados por el sexo y la edad. Vamos a ver cómo tampoco somos independientes de factores como la luz del sol, las tormentas, el tabaco o los fármacos:

- La intensidad lumínica nos pone de mejor humor y afecta nuestra memoria. Si preguntamos cuál es la mejor época del año, la mayoría de nosotros dirá que el verano. Para casi todos supone una época en la que somos felices, disfrutamos vacaciones, trabajamos menos y podemos dedicarnos a las actividades que nos gustan. Cada vez sabemos más que la intensidad de la irradiación solar que recibimos influye en nuestro estado de ánimo.

Por término medio, los días que tenemos más sol, la gente se muestra más proclive a las compras y los precios tienden a subir. En el mercado bursátil esto tiene especial interés y se ha comprobado que los precios de las acciones tienden a subir frente a los días nublados. Por ejemplo, un estudio que analizó la subida del mercado bursátil, desde 1982 hasta 2003, comprobó que la media anual de subida era de un 24,8% en los días soleados frente a un 8,7% en los días nublados.

La luz también es capaz de afectar nuestra memoria, lo cual tiene especial interés en el mundo del marketing. Se ha comprobado, en un estudio realizado en Australia, que los consumidores tienen mayores dificultades para recordar los productos situados en el mostrador de un establecimiento si ese día hacía más sol y la diferencia no es baladí: en los días nublados los clientes eran capaces de recordar hasta tres veces más que en los días soleados.

Esto tiene especial interés en el mundo empresarial. Por ejemplo, si queremos confesar al jefe algún problema que hayamos causado en la compañía será mejor hacerlo uno soleado puesto que seguro que lo encontraremos de mejor humor y, además, tendrá más tendencia a olvidar lo que le estamos contando. Si queremos realizar una reunión con los empleados y que recuerden lo que les estamos proponiendo será mejor hacerlo un día nublado, y si nos dedicamos al marketing de la empresa será mejor que no gastemos los recursos de nuestro departamento los días más soleados ya que los clientes no recordarán nuestra campaña publicitaria.

- Los días de tormenta también tienen una clara influencia sobre el comportamiento humano. Del mismo modo que los animales se asustan con las tormentas, también lo hacía en el pasado el hombre primitivo y eso se nos ha quedado en la memoria. Esta sensación de miedo (casi siempre inconsciente) parece estar detrás de una activación del sistema de aversión a la pérdida y provocar una mayor reticencia a gastar dinero y asumir riesgo. Del mismo modo que se ha comprobado que el mercado de valores tiende a bajar los días posteriores a una tormenta, es muy probable que ni los jefes ni los empleados estén predispuestos a realizar cambios en la empresa esos días.

- Los ciclos lunares también nos afectan. Aunque a los empresarios no les sucedan cambios tan drásticos como a los hombres lobo, que se transformaban con la luna llena, sí que es cierto que la leyenda de este ser procede de que los seres humanos (sobre todo algunos) podemos mostrarnos más agresivos durante esta fase lunar. De hecho, el término lunático, que hace referencia a la persona que sufre constantes y repentinos cambios de ánimo, procede de la palabra luna. Sabiendo que en el mercado bursátil los beneficios analizados de los días alrededor de la luna llena son un 6,6% menores respecto a los de la luna nueva, deberíamos evitar esos días para proponer campañas de marketing o el desarrollo de nuevas líneas de desarrollo en nuestra empresa.

- Los días de la semana también afectan nuestro estado de ánimo. Las expresiones «otra vez lunes» y «por fin es viernes» poco tienen que ver entre sí y son expresiones populares de lo que nos producen. En el mercado de valores es bien conocido el efecto lunes, que nos sugiere que los lunes este mercado tiene menos beneficios que el resto de los días de la semana. Del mismo modo, si queremos plantear realizar cambios de gestión o un aumento del sueldo, tendremos más probabilidades que nos lo acepten si aprovechamos la neuroeconomía y los solicitamos un viernes.

- Los tóxicos, legales o no, también están influyendo en las decisiones que tomamos. El tabaco nos afecta y los fumadores tienen mayores probabilidades de equivocarse y de tomar decisiones erróneas al interferir este tóxico con la capacidad de comparar las alternativas. El alcohol en pequeñas dosis nos relaja y ayuda a disminuir la ansiedad y el estrés, nos encontramos más sociables y confiados en nosotros mismos. Sin embargo, las dosis mayores, y sobre todo ingeridas de forma crónica, nos provocan auténticas lesiones cerebrales que influirán en nuestra capacidad de decisión además de dar lugar a muchos problemas de salud. Un gran número de empresarios toman ciertas cantidades de alcohol a últimas horas del día con la idea de disminuir el estrés acumulado. Sin embargo, esto puede dar lugar a problemas crónicos y llevarles a tomar decisiones equivocadas en el mundo empresarial.

- Otras drogas no legales, como la marihuana o la cocaína, pueden provocar una liberación brusca de dopamina en el cerebro y dar lugar a conductas impulsivas. Además, su utilización de forma crónica podría llegar a desensibilizar la capacidad para sentir placer, lo que provoca que cada vez se necesiten más cantidades para conseguir el efecto deseado y que terminemos «enganchándonos», lo que alteraría por completo el sistema de recompensa cerebral y nos impediría evaluar las recompensas y tomar decisiones apropiadas.

- La cafeína tiene peor fama de lo que debería. Aunque es cierto que en algunos consumidores puede llegar a producir nerviosismo e irritabilidad, en la mayoría de las personas, si la tomamos de forma moderada, solo aumentará el nivel de alerta. Según los últimos estudios parece que nos permite discriminar mejor los colores y ver mejor en la oscuridad, de hecho se piensa que aumenta la agudeza visual entre un 20 y un 38%, favorece la concentración y evita las distracciones con el entorno. Como siempre en el punto medio está la virtud, las dosis leves de esta sustancia podrían favorecer nuestra capacidad de trabajo, mientras que en dosis altas podría llegar a limitarla.

- Al igual que la cafeína, el estrés tiene su parte buena y su parte mala. Un estrés agudo es capaz de prepararnos para el trabajo y de ser más efectivos, focalizarnos mejor y aprovechar más el tiempo. Aumenta nuestro grado de vigilancia, estamos más alerta y mejora nuestra capacidad de atención. Sin embargo, este estado de hiperactividad no se puede mantener todo el tiempo que nosotros querríamos y aparece el estrés crónico, el cual es perjudicial. Este estrés puede producir una atrofia del hipocampo, estructura cerebral relacionada con la memoria, y limitar nuestras capacidades para aprender cosas nuevas. Además, afecta al sueño, el humor y en general nuestra capacidad de trabajo. De hecho en algunos casos extremos se han llegado a producir muertes por exceso de trabajo. En Japón han acuñado incluso el término *karoshi* para referirse a la muerte por exceso de horas de trabajo, sobre todo debidas a derrames cerebrales y ataques cardíacos. Con el fin de luchar contra ente problema, que está creciendo en las últimas décadas, las compañías japonesas están luchando de modo cada vez más activo contra el estrés crónico. Los gerentes deberían evitar el excesivo estrés de sus empleados y, de este modo, conseguirían una compañía más efectiva, con mayor capacidad de trabajo, empleados más motivados y con mayor capacidad de respuesta ante situaciones que requieran un estrés agudo.

Cuadro 10.2 Relación entre el nivel de estrés y la productividad de los empleados

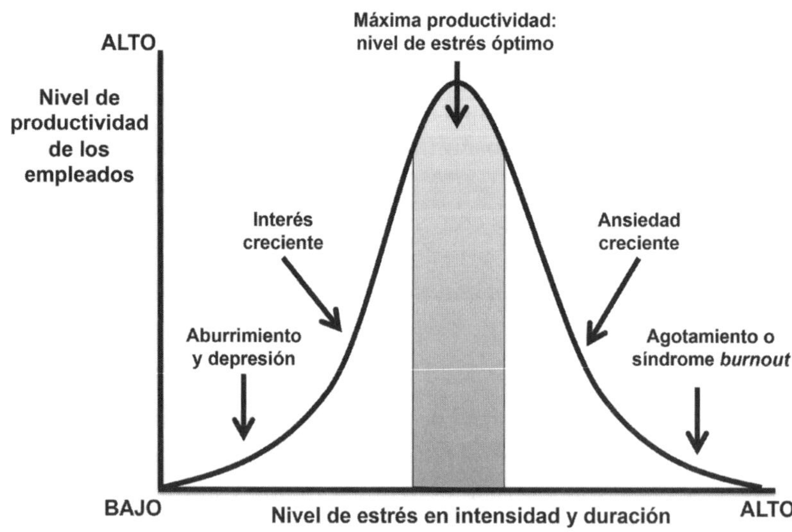

- La lista de fármacos que podrían afectar la capacidad para tomar decisiones es, desde el punto de vista teórico, enorme. Se incluirían todos aquellos que de un modo u otro actúan sobre el sistema nervioso central como los antiepilépticos, los antidepresivos, los tranquilizantes y todos aquellos que facilitan o impiden la liberación de la dopamina. Pero también muchos de los que a priori no actúan sobre el sistema nervioso también podrían estar incluidos en la lista, como aquellos que actúan sobre las dolencias cardíacas, los analgésicos o los anticonceptivos. Estos últimos afectan directamente la cantidad de hormonas sexuales femeninas, con lo que modificarán sus hábitos de consumo y capacidad para trabajar en equipos.

En resumen, nuestra capacidad para tomar decisiones no depende únicamente de nuestro sexo o edad. Tampoco nos afectan y manipulan solo nuestro jefe, nuestros compañeros, las tendencias de los demás o nuestros estados de ánimo. Estimado lector, acabas de leer que también te manipula la irradiación solar, el ciclo lunar, los fármacos que tomas, los tóxicos que consumes y hasta los días de la semana. ¿De verdad sigues pensando que tus decisiones son solo tuyas y que eres libre para tomarlas?

11 | El efecto Pigmalión y el mundo de la empresa

«Trata a un ser humano como es, y seguirá siendo como es.
Trátalo como puede llegar a ser, y se convertirá
en lo que puede llegar a ser».

Blaise Pascal

Imaginemos que tenemos un número determinado de empleados en nuestra empresa, queremos sacar de ellos el máximo partido y darles un papel que hasta ahora no han tenido. Una de las formas más útiles para conseguirlo es el llamado efecto Pigmalión. Antes de empezar a hablar de su importancia, y para ayudar a su comprensión, es necesario conocer su origen ya que tanto el nombre como su interés proceden de la Antigua Grecia, en concreto de la mitología helena clásica. El efecto Pigmalión nace a partir del mito griego, en el que un escultor de nombre Pigmalión se enamoró de una de sus creaciones: Galatea.

Cuenta la mitología griega que el artista llegó a tal perfección escultórica con su obra que llegó a tratarla como si fuese una mujer real, como si estuviera viva. La escultura llegó a cobrar vida después de un sueño de Pigmalión y gracias a la intercesión de la diosa del amor, Afrodita, que al descubrir el sentimiento profundo de amor del escultor hacia su obra, se apiada e concede vida a la escultura.

Más allá de la leyenda que da nombre al efecto Pigmalión, en la actualidad se encuentra toda una teoría psicológica cuya aplicación ha tenido cabida en infinidad de campos y áreas del conocimiento: la educación, la psicología o la gestión son solo algunos de los ejemplos que se han servido de la teoría que existe detrás del efecto Pigmalión para explicar el comportamiento humano.

Al igual que el escultor griego superó lo que esperaba este de sí mismo al crear una escultura perfecta, se ha demostrado que la confianza que los demás depositen sobre cada uno de nosotros tiene efectos determinantes sobre lo que podamos llegar a ser, sobre nuestra capacidad para fijarnos y lograr nuestros objetivos. Traído a nuestros días, y partiendo de la base mitológica que da nombre al efecto Pigmalión, la psicología entiende este como un principio de actuación originado a partir de las expectativas que los demás tienen sobre nosotros, es decir, cómo lo que el entorno ajeno a uno mismo influye y determina lo que cada persona por sí misma puede llegar a conseguir.

Fue Robert Merton quien empleó por vez primera el nombre del mito para designar el concepto psicológico que hace alusión a las consecuencias que generan sobre el comportamiento de una persona las expectativas que los demás tienen de ella. Merton observó que si un individuo percibe que se le valora de manera negativa, ese mismo comportamiento será reflejado en sus acciones, convirtiéndose estas en un fiel espejo de lo que las personas que rodean al individuo piensan sobre el mismo. Si esa misma persona, por el contrario, advierte que los demás tienen sobre ella una visión positiva y que depositan cierto grado de confianza, su actividad y su desempeño mejorarán, cumpliendo así las expectativas que percibe que tienen sobre él y reforzando su autoestima.

1. El efecto Pigmalión en el mundo empresarial

La teoría del efecto Pigmalión ha sido aplicada a infinidad de campos, debido a que cualquier ámbito que implique la actividad de un grupo humano está determinado por las relaciones que aparecen entre los mismos y de las influencias, conscientes o no, que la presencia de los demás ejerce sobre el desempeño de nuestras actividades, acciones y decisiones. El entorno empresarial ha sido objeto de estudio desde el punto de vista de la psicología y de la neurociencia. Esta última ha venido a explicar en los en los últimos años, a partir de herramientas y técnicas científicas, cómo es el funcionamiento cerebral, dando así explicaciones científicas a ciertas creencias que se habían explicado a partir de la mera observación o desde el punto de vista psicológico. Entre los descubrimientos de la neurociencia se ha comprobado que el funcionamiento de nuestro cerebro está influido por las personas que nos rodean, en el sentido de que los pensamientos que tengamos sobre las percepciones que los demás puedan tener sobre nosotros activan ciertas áreas cerebrales que pueden favorecer un comportamiento u otro, y determinan por tanto el éxito o fracaso de nuestro propio desempeño en cualquier área, ya sea esta laboral, social o personal.

En los años más recientes numerosos académicos han estudiado la gestión desde el punto de vista de la neurociencia, un paso más allá de la psicología empresarial ya consolidada. McGregor y Likert son dos de los más importantes autores que desde el entorno académico han hecho aportaciones al mundo de la gestión; uno de sus estudios concluye que la conducta de un directivo es capaz de generar efectos trascendentales en el desempeño de sus subordinados. En otras palabras, se afirma que los empleados responderán según crean que son las expectativas de sus superiores, tal y como la teoría del efecto Pigmalión postula.

Aplicando el fenómeno del efecto Pigmalión al mundo de la empresa, se ha comprobado que si un empleado recibe la continua aceptación de sus superiores, tendrá grandes posibilidades de llevar a cabo sus funciones laborales de manera positiva y con éxito. De esta forma, además, se potencia el hecho de que su rendimiento sea mayor y más efectivo, retroalimentando la visión positiva que los superiores tienen sobre el trabajador y el sentimiento de satisfacción de este, así como su autoconfianza. Del mismo modo, si los empleados perciben que sus superiores tienen una actitud de cuestionamiento de sus capacidades, que muestran dudas acerca de la posibilidad de éxito de su desempeño o, incluso, una actitud indiferente hacia ellos, puede provocar cierta desmotivación, y esto puede aumentar, lo que incuestionablemente conllevará la disminución de la cantidad y calidad de su trabajo. Esta desmotivación de los empleados y pérdida de la productividad recibe el nombre de efecto Golem y es antagónico al efecto Pigmalión.

Como se ha señalado, el efecto Pigmalión es un fenómeno muy estudiado en psicología, que se encarga de analizar la influencia directa del pensamiento que una persona tiene sobre otra y la forma en la que afecta a esta última. Aplicado al mundo de la gestión se entiende que la imagen que todo jefe tiene sobre sus trabajadores o colaboradores es la que determina cómo actúa con ellos y cuál es su comportamiento con los mismos. El hecho de que tenga una imagen positiva hará que les trate de manera que se refleje la confianza que tiene en los mismos, reforzando así la confianza del individuo en sí mismo a nivel laboral.

Los trabajos de Friedrich Hebbe, uno de los estudiosos más relevantes en el campo de la gestión, afirman que todos nuestros comportamientos están influidos por la manera en que nos ven los demás, así como por las expectativas que sobre nosotros tiene nuestro entorno tanto laboral como personal. Según explica el autor, la confianza que uno tiene sobre sí mismo viene determinada no solo por las características personales e intrínsecas del individuo, sino que las percepciones sobre lo que piensan los demás son muy influyentes. Esto, por tanto, puede motivar el éxito de alcanzar los objetivos o metas, en este caso laborales, que un sujeto se proponga. Es decir, en ocasiones lo que dirime si una actividad tiene éxito no son las capacidades objetivas o el nivel competitivos de conocimientos, sino las limitaciones psicológicas que afecten a la persona sobre las posibilidades de éxito de su actividad, pudiendo ser estas limitaciones ocasionadas por la percepción que se tiene acerca de las capacidades propias.

El sociólogo Merton, en 1948, aplicó este concepto al ámbito sociológico. La idea que propuso podría ser aplicada a la explicación de las crisis económicas. Según los trabajos de este autor, el miedo a una posible quiebra bancaria, que en un inicio puede carecer de fundamento, puede llevar a la crisis real de una economía. El miedo que se infunde a los ciudadanos, sea o no real, es causante de que estos retiren sus depósitos de los bancos, o de uno en concreto, lo que genera que este empiece a tener problemas financieros pudiendo llegar incluso a la quiebra.

La gerencia debe lograr a través de las personas los resultados esperados por la dirección general y la junta directiva. Para ello, ha de buscar el diseño, ejecución y consolidación de estrategias y procesos que lleven al logro de los objetivos marcados, así como a la creación de valor, el fortalecimiento financiero de la empresa y el aumento de la competitividad. Uno de los problemas más habituales en la gerencia de las organizaciones es un efecto derivado de la teoría del efecto Pigmalión, denominado «síndrome del condenado a fracasar». Este fenómeno hace referencia a cómo los directivos hacen profecías de sus subordinados en función de opiniones superficiales, resultados previos o características ajenas al ámbito laboral, creándose así una imagen preestablecida sobre los trabajadores «buenos» y los «malos». Esa imagen crea prejuicios que hacen que traten a cada empleado o colaborador de una forma distinta, empujando esa actitud a un resultado de la actividad del individuo que hará que se cumpla la profecía del superior. Desde el punto de vista del responsable empresarial, la teoría del efecto Pigmalión ha de centrarse en las personas a su cargo ya que de ellas depende el éxito del propio desarrollo laboral. En la actualidad, se considera que uno de los factores que inciden de forma más directa en el desarrollo personal y profesional de los trabajadores es la imagen que los demás tienen sobre ellos, ya que a su vez esta determina el éxito o fracaso que dicha persona tendrá en el desarrollo de sus actividades.

Según las últimas investigaciones en el campo de la neurociencia, se ha llegado a obtener una explicación biológica de nuestra tendencia a actuar en función de lo que los demás esperan de nosotros. Al igual que las neuronas en espejo explican que el ser humano tiende a repetir los comportamientos de sus congéneres sin plantearse si esa es la mejor de las opciones, cuando percibimos que existe una idea sobre nuestro éxito o fracaso en una determinada actividad, de manera inconsciente, actuamos de tal forma que nuestras acciones llevan a lograr ese resultado.

Se ha demostrado que cuando otros seres humanos confían en nosotros, nuestro cerebro libera una hormona que se denomina oxitocina, a la que algunos han denominado hormona de la confianza u hormona del amor. Esta sustancia produce una serie de cambios que hacen que sintamos más confianza en nosotros mismos y en nuestros compañeros, así como en la empresa para la que trabajamos y que es la que ha depositado en nosotros esa confianza. Además es capaz de potenciar el sistema de recompensa cerebral para que sintamos más placer con las acciones que nos llevan a conseguir dicha confianza, es decir, que si trabajamos de un modo correcto y nuestro jefe confía en nosotros, estaremos liberando oxitocina, la cual nuestro cerebro interpretará como una forma de placer y producirá una serie de cambios en nuestro sistema nervioso que nos llevarán a crear nuevas formas para conseguir otra vez ese reconocimiento por parte de nuestro superior, lo que en el mundo empresarial suele traducirse por trabajar más y ser más efectivo.

Del mismo modo que la percepción de las opiniones de los demás determina nuestras acciones, lo que opinamos nosotros sobre ellos también cambia sus comportamientos, llevándonos a desarrollar redes sociales en las que las opiniones modifican las conductas y la productividad. Los entrenadores de fútbol saben que lo primero que debe conseguir el equipo antes de ganar un campeonato es creerse que pueden dominar esa competición y que cada uno de los jugadores confíe en el juego de los demás. Del mismo modo, en el ambiente empresarial, si consiguiésemos que unos trabajadores creyesen en los otros y se exigiesen entre ellos, estaríamos sentando las bases para conseguir una excelente productividad y tener una ventaja competitiva frente a otras compañías.

En el entorno laboral, si alguien a quien apreciamos o respetamos nos encarga una tarea e interpretamos que esa persona ha depositado en nosotros su confianza y cree en el logro con éxito de la tarea que nos encomienda, nuestro trabajo será desarrollado con el objeto de no defraudar a dicha persona, Aunque sea de manera inconsciente, actuaremos de tal forma que movilizaremos todos los recursos cognitivos, emocionales y materiales de que podamos disponer para el logro de la tarea que se nos encomienda. En estos casos, lo que los demás esperan sobre nosotros actúa en un doble sentido: por un lado, hace que el otro nos trate de una manera diferente de como lo haría si no tuviera confianza en el desarrollo de nuestra empresa; y, por otro, hace que nosotros mismos actuemos según lo que creemos que se espera de nuestra actividad.

Cuadro 11.1 Esquema de funcionamiento del efecto Pigmalión en el ser humano

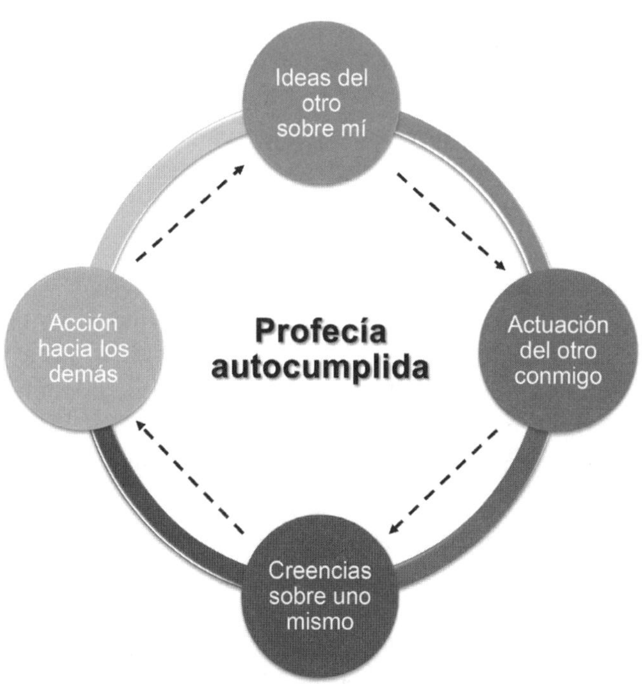

Este fenómeno, además recibir el nombre de efecto Pigmalión, es conocido como profecía de cumplimiento inducido o, simplemente, como profecía autocumplida. Uno de los académicos que más ha contribuido al desarrollo y difusión de este fenómeno dentro del entorno empresarial ha sido J. Sterling Livingston, profesor de la Universidad de Harvard. Desde finales de la década de los sesenta, este investigador se centró en estudiar el poder de las expectativas de los directivos en el desarrollo posterior que los empleados mostraban respecto al aprendizaje y el desempeño laboral, así como en la motivación de sus subordinados. En el artículo «Pygmalion in management», el pionero en llevar el fenómeno de la profecía autocumplida al escenario de la empresa, Livingston recogió sus análisis, hipótesis y conclusiones, entre las que caben destacar las siguientes:

- Lo que un directivo espera de sus subordinados, así como de sus colaboradores, y la forma en que trata a las personas que forman los equipos que de él dependen, tienen un impacto determinante en el resultado del progreso y en el rendimiento profesional de cada uno de los individuos y, por tanto, del proyecto en sí.

- Aquellos trabajadores y/o colaboradores sobre los que los superiores tienen bajas expectativas encuentran mayores dificultades para mejorar y mantener su propia autoestima.

- Como consecuencia directa de lo anterior, tiene lugar un aumento del miedo al fracaso. Para Sterling, esto provoca la evitación de las situaciones de riesgo creando un círculo vicioso que desemboca en la progresiva reducción del potencial de crecimiento del individuo, en el empobrecimiento de la calidad del desempeño global de la empresa y de la innovación del grupo.

- Los mensajes, verbales o no verbales, son difíciles de ocultar cuando un directivo tiene bajas expectativas sobre el rendimiento de su equipo o de uno de sus miembros. Aunque no lo haga de manera consciente, sus decisiones o cuál es su actitud hacia los demás quedan patentes en su conducta, ya que ese mensaje se transmite muchas veces de forma involuntaria.

- La experiencia demuestra que, en la mayoría de los casos, los directivos son más eficaces comunicando malas expectativas que opiniones favorables. Esto potencia que el efecto Pigmalión intervenga en el aspecto negativo, en lugar de ayudar a la mejora del rendimiento de los trabajadores.

- Si bien la opinión positiva y la confianza en los subordinados es necesaria para mejorar su rendimiento y resultados, no es lo único que influye. Si las perspectivas no son realistas, el subordinado no verá incrementada su motivación, pudiendo por el contrario disminuir su rendimiento al verse incapaz de satisfacer las expectativas que de él se esperan. En este sentido, Livingston concluye que la práctica habitual de «colocar siempre la zanahoria fuera del alcance del conejo» es una técnica errónea de motivación que solo genera frustración.

- Para que un líder sea capaz de transmitir confianza y generar autoconfianza en sus subordinados, ha de tenerla en sí mismo. Los directivos que poseen confianza en sus propias aptitudes, y saben trasmitirla de forma positiva a los demás, ejercen influencia, crean confianza y motivan a los trabajadores para su propia mejora personal, redundando así en la mejora del rendimiento de toda la organización.

Para Merton es conveniente romper los círculos viciosos, consecuencia del efecto Pigmalión, ya que tienen efectos negativos sobre las personas y las organizaciones y, en palabras de él mismo, la solución es: «cuestionar o abandonar el supuesto inicial y hacer una nueva formulación de la situación». Es necesario rechazar la concepción fatalista de la naturaleza humana inmodificable. En el entorno empresarial, la aplicación de la teoría de los últimos trabajos sobre el efecto Pigmalión en las organizaciones proponen que los directivos deberían:

- Indagar y reconocer su responsabilidad en el rendimiento de los subordinados.

- Expresar de forma abierta el problema, en caso de existir, mostrando al afectado interés y compromiso, así como confianza en su capacidad para mejorar.

- Escuchar a los subordinados, analizar los hechos e identificar debilidades del empleado, estudiando en conjunto cómo mejorarlas.

- Buscar puntos fuertes y capacidades de los trabajadores, junto con estos, y proponer acciones en las que intervengan las mismas.

- Tomar decisiones participativas teniendo en cuenta las capacidades así como las limitaciones de la persona e integrarlas dentro la estrategia global.

- Evaluar y mantener retroalimentación con el personal.

1.1. Delega y aumenta la productividad

Una de las formas de organización que está ganando cada vez más terreno en el mundo empresarial, y que tiene mucho que ver con el efecto Pigmalión, es el llamado *empowerment* o empoderamiento, en el cual el gerente cede responsabilidades a los empleados y estos están obligados a tomar decisiones. De este modo los trabajadores reciben la confianza de su jefe y son capaces de tomar decisiones de forma crítica y responsable, dando lo máximo de sí mismos y cumpliendo lo mejor posible con sus obligaciones. Los empleados de una empresa deben compartir los valores y los objetivos de la misma y, si reciben la confianza necesaria por parte de sus dirigentes, la mayoría trabajará mejor y aumentará su productividad. Esta mejoría del rendimiento del trabajo, como ya se ha comentado, viene producida por una liberación de la oxitocina en el cerebro, la cual facilitará el aprendizaje y hará que el trabajador intente de nuevo conseguir más confianza y placer aumentando su productividad.

Cuadro 11.2 Relación entre la confianza de la empresa hacia el empleado, autoconfianza y productividad

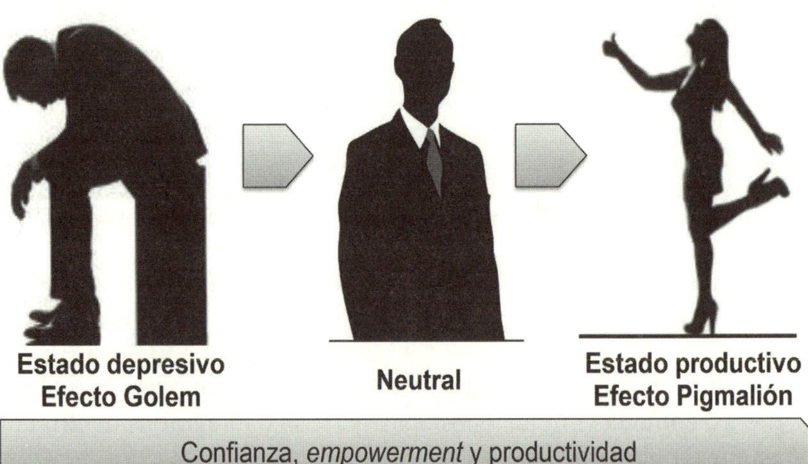

2. El efecto Pigmalión en otros campos

Merece la pena mencionar que existen otros ámbitos, además del laboral, donde los fenómenos que explica el efecto Pigmalión ejercen su influencia. Algunos de los campos más estudiados son los entornos educativos y escolares. Diversos trabajos han comprobado, empleando el aula como centro de experimentación, que aquellos alumnos a los que los profesores consideran más capacitados, aventajados e inteligentes, reciben un trato que redunda en su motivación, provocando en ellos el deseo de autosuperación y esfuerzo y obteniendo mejores resultados; por el contrario, aquellos alumnos que perciben que sus profesores tiene sobre ellos una baja expectativa y que existe falta de confianza en sus resultados académicos, están menos motivados, actuando acorde a esto y mostrando un menor nivel de esfuerzo. El efecto de las expectativas de terceras personas sobre la actuación, éxito y resultados de terceros se aprecia de manera muy clara en el ámbito escolar, ya que los mejores resultados en muchos casos no coinciden con los de los alumnos con más capacidad cognitiva o mayor cociente intelectual, sino con aquellos sobre los que los profesores, compañeros o padres depositan su confianza y creencias de éxito.

Los estímulos que estos alumnos reciben de los profesores y los padres redundan en mejores resultados que los demás. El hecho de que un alumno no haya obtenido buenos resultados en alguna asignatura, hace que en muchos casos los profesores estén influidos por ese resultado previo del alumno, no por las capacidades que puede desarrollar en el futuro.

El fenómeno de la profecía autocumplida vuelve a mostrar en este ámbito su doble vertiente: por un lado, el resultado y el rendimiento de los estudiantes se ve influido por lo que los superiores esperan de ellos; pero, por otro lado, el comportamiento de estos últimos viene determinado por el comportamiento, actitud y resultados previos del propio estudiante. De este modo, cuando un alumno percibe que no se espera de él un buen resultado es probable que no se esfuerce por conseguirlo, lo que provoca que se vea incapaz de lograrlo; el resultado, por tanto, será el que se había predicho, reforzando tanto en el estudiante como el profesor la idea de incapacidad del primero.

Uno de los estudios más conocidos sobre este fenómeno fue realizado por David C. McClelland, psicólogo estadounidense. Para llevar a cabo el estudio, McClelland comunicó a varios profesores que se había realizado un test de inteligencia a todos sus alumnos y algunos habían mostrado grandes capacidades intelectuales, cuando en realidad los resultados eran los mismos que los obtenidos por la mayoría. Tras diferentes pruebas realizadas de manera longitudinal en el tiempo, se comprobó que los alumnos que los profesores creían más inteligentes obtuvieron mejores resultados que el resto, cuando en realidad todos tenían capacidades similares.

Otro de los campos en los que podemos observar este fenómeno es el ámbito social. Diferentes áreas de estudio han confluido en el análisis de este efecto, aportando diversas contribuciones a su conocimiento (psicología, neurociencia, antropología, sociología, etc.). La tradición de la sociedad asigna determinados roles a cada miembro de las diferentes clases sociales. En función del grupo en el que un individuo sea englobado, la sociedad que le rodea tendrá unas creencias acerca de su forma de ser, gustos, capacidades, comportamiento. Cada persona, como miembro de un grupo, actuará en función de su papel en el grupo y de lo que se espera de él. Los trabajos sociológicos sobre las tribus urbanas, y sobre el papel de los roles sociales en el proceso de formación de la personalidad y del modo de vida de los individuos, han aportado importantes avances al conocimiento de la sociología y del funcionamiento del individuo como miembro integrante del grupo social y la influencia de ese rol en la personalidad.

Las normas que se imponen dentro de cada grupo social, no siempre de manera oficial o escrita, constituyen un código de conducta que determina el devenir de la vida de todas las personas. Desde la infancia se inicia un proceso de imitación, por parte de los hijos, de las costumbres y actuación de los padres a partir de la observación. Estos comportamientos adquiridos marcan la personalidad y forma de ser de los miembros de la sociedad, dando forma a su personalidad a partir de lo que ven en los demás y lo que se espera de ellos.

A modo de conclusión, podemos afirmar que en el mundo laboral se ha comprobado que los empleados, sobre los que existe mayor aceptación y confianza de sus superiores, obtienen mejores resultados en su desempeño laboral y la calidad de su trabajo es superior a la de la media. Si, por el contrario, las capacidades de un trabajador son cuestionadas por sus superiores de manera continuada, se crea una situación que socava la confianza del trabajador en sí mismo, llevando a este a realizar un trabajo de menor calidad, peor resultado y un rendimiento laboral inferior. Por lo tanto, puede afirmarse que un empleado puede no ser en términos cognitivos, académicos o formativos mejor que el otro y obtener mejores resultados laborales, debido a que la imagen que se tiene de ellos y el trato que reciben afecta de manera a sus resultados.

12 | Neurociencia aplicada a la negociación

Si hasta ahora hemos aprendido las técnicas que utiliza la neurociencia para manipular, ¿qué mejor que aplicarlas a un proceso de negociación con nuestro jefe, clientes o empleados? Negociar es un proceso por el que intentamos que la otra parte tome las decisiones que nos interesan y, nadie mejor que los neuroeconomistas saben cómo se toman estos acuerdos, de modo que vamos a utilizar toda nuestra artillería en forma de avances de la neurociencia para manipular a la otra parte y negociar mejor.

Cuando negociamos estamos realizando algo muy similar a vender, aunque entra en juego la persuasión, intentar que nuestra postura gane peso frente a la de la otra parte y que la decisión final sea la que más nos convenga. Tampoco sería algo muy distinto de la seducción, acto que se define como «inducir o persuadir a alguien para modificar su opinión y hacer que adopte un comportamiento acorde a la voluntad del que seduce».

La característica típica de la negociación es que se produce un auténtico conflicto de intereses entre las dos partes, estableciéndose un proceso en el que cada una quiere imponerse a la otra. Sin embargo, el único modo por el que la negociación podrá llevarse a cabo es que ambas fuerzas encuentren un equilibrio y se llegue a un acuerdo en el que se produzca una posición intermedia, donde ambas partes ganen algo y no sientan que han perdido esa lucha de poder. El hecho de que una de las partes se imponga a la otra por abuso de poder suele culminar en una ruptura de relaciones.

En esta lucha de poder deberemos presentar ofertas a nuestro contrincante y él tendrá que valorar los pros y los contras de lo que le estamos proponiendo. Los pros activarán el sistema de recompensa cerebral, los contras el sistema de aversión a la pérdida, y del equilibrio resultante entre ellos dependerá que nuestra oferta sea rechazada o aceptada.

1. ¿Cuándo hay que negociar?

La primera decisión que debemos tomar antes de iniciar una negociación es si en realidad merece la pena llevarla a cabo. Y solo valdrá la pena si podemos conseguir algo a cambio. Todos sabemos que si vamos a una gran superficie comercial como El Corte Inglés e intentamos negociar sobre el precio de los cereales, las posibilidades de que consigamos un descuento van a ser muy bajas. Sin embargo, si queremos una rebaja en un producto de artesanía en un mercado tunecino, la probabilidad de conseguirla hace que merezca la pena iniciar una negociación y, sin duda, deberemos llevarla a cabo.

Para que el proceso de negociación pueda llegar a buen puerto se deben cumplir estas tres premisas:

- Existe un conflicto de intereses. Si la parte contraria y nosotros tenemos el mismo objetivo no hay negociación posible. Es necesario que los intereses sean distintos y se llegue a un punto de acuerdo intermedio.

- Ambigüedad acerca del resultado. Las posiciones de entendimiento son varias y depende de la parte de contraria y de nosotros que se obtenga un punto de equilibrio u otro.

- Oportunidad de acuerdo. El punto de equilibrio debe ser válido para las dos partes.

Cuadro 12.1 Niveles de negociación

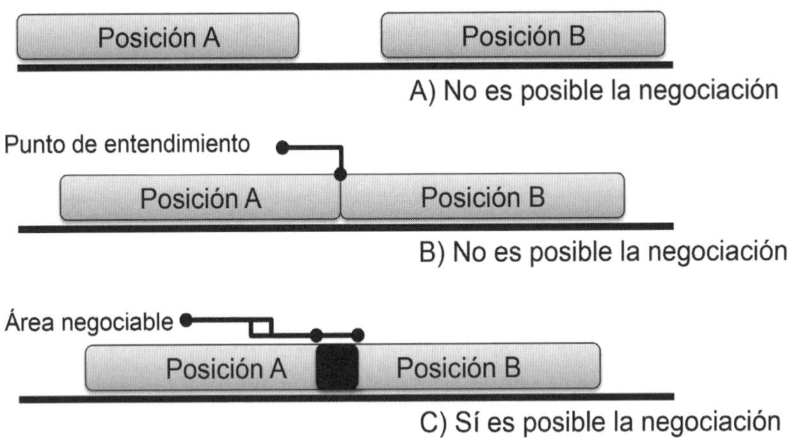

En la situación A) no es posible la negociación porque las posturas de A y B están muy distanciadas y no hay ninguna situación que beneficie a las dos partes. En la situación B) tampoco hay posibilidad de negociación porque solo hay un punto inamovible de entendimiento. En la situación C) sí hay negociación. Las posiciones de equilibrio son varias y depende de las cualidades y estrategias de los negociadores que al final se adopte una u otra.

2. Las negociaciones no empiezan con lo que se puede ganar, sino con lo que se puede perder

Antes de comenzar una negociación, e intentar manipular el cerebro de nuestro contrincante, debemos estar seguros de que él sea incapaz de manipular el nuestro y para eso lo mejor será dejar las emociones al margen. Usar la lógica y la razón será la manera óptima para que sus artimañas no nos lleven a ceder lo que en realidad nos importa. Para ello lo mejor es que definamos y aclaremos lo mejor que podamos cuál es el objetivo de nuestra negociación, qué es lo que pretendemos obtener de ella y qué es lo que estamos dispuestos a ceder.

Imaginémonos que estamos en el banco en el que queremos solicitar nuestra hipoteca y debemos establecer un proceso de negociación con uno de los empleados. Supongamos que nos ofrece el dinero que nosotros pretendemos a un interés determinado, pongamos un 3,0% sobre el euríbor, que a nosotros no nos conviene por considerarlo excesivo. En este caso nuestro sistema de aversión a la pérdida se nos activará y no firmaremos la hipoteca ya que no hemos conseguido lo que nosotros deseamos. Con ello, damos muestras al empleado del banco de que no estamos conformes y de que no aceptaremos esa oferta. Sin embargo, como la propuesta del empleado ya ha sido rechazada más veces, este tiene preparada otra estrategia. Viendo que no vamos a aceptar la negociación y que no estamos por la labor de acercar nuestra postura, nos dice que tiene una oferta especial para nosotros y llama a la subdirectora del banco, la cual es una atractiva señorita que limita nuestra capacidad de pensar de manera racional. En este momento nuestro cerebro comenzará a ver más atractiva la misma oferta que antes nos parecía un disparate («quizás no esté tan mal») y, al ver nuestra debilidad, la subdirectora del banco nos deleita con una bonita sonrisa y además nos invita a un café, ambas estrategias estimularán nuestro núcleo accumbens, potenciarán nuestro sistema de recompensa cerebral y las posibilidades de que aceptemos la hipoteca. El interés que nos ofertan será el mismo, el 3,0% sobre el euríbor, pero nuestra percepción sobre él será muy distinto. Si además nos dice que algunos de nuestros vecinos también la han adquirido (efecto manada), sobre todo aquel al que admiramos por cualquier razón que no tenga que ver con los productos bancarios (efecto halo), seremos «carne de cañón» para aceptar la negociación. Ahora es cuando la subdirectora del banco nos tiende el contrato y nos dice que será mejor que lo firmemos lo antes posible, que podemos quedarnos sin él ya que las condiciones están cambiando. Además, como son profesionales en el arte de la negociación, el contrato tiene ciertas partes en rojo que nos bloquean la capacidad para tomar decisiones racionales. En este momento, tanto el empleado de banca como la subdirectora de la sucursal estarán forzando nuestra decisión, firmaremos el contrato, habremos perdido la negociación y sido presa fácil de alguien que sabe perfectamente utilizar la neuroeconomía en beneficio de su empresa.

El gran error que habremos cometido en esta situación habrá sido tomar nuestra decisión de forma emocional, sin haberle dado tiempo ni oportunidad a que nuestra razón imponga la lógica de los números y que la negociación haya llegado a un punto provechoso para ambos. La mejor forma para evitar que las emociones se hagan con el control de nuestra toma de decisiones en el ejemplo anterior hubiese sido definir nuestros objetivos de antemano, saber cuáles son los límites que nunca estaríamos dispuestos a transgredir (por ejemplo, un interés del 2,5% sobre el euríbor) y tratar de descubrir los objetivos del contrario para prever si aceptaría o no nuestra posición.

La fase de preparación también incluiría desarrollar una serie de estratagemas que seríamos capaces de ofrecer para reconducir la negociación en caso de que esta se viese truncada: domiciliar nuestra nómina, contratar un plan de pensiones o, incluso, invitar a cenar a la subdirectora si así pensamos que podríamos llegar a estimular su núcleo accumbens y forzar la decisión del «sí».

Para llegar con los deberes bien hechos a las siguientes fases de la negociación es recomendable dejar por escrito todas las opiniones, líneas rojas (aquellas que marcan el límite de lo que es negociable) y estrategias que pretendemos llevar a cabo. Si no lo hacemos así es muy posible que los límites que consideramos aceptables empiecen a tambalearse en las siguientes etapas de la negociación, cuando entran en juego las artimañas del contrario y nuestras emociones. Lo que hemos dejado escrito ya no puede cambiar por muchas formas de manipulación a las que seamos sometidos.

3. El proceso de la negociación

Una vez nos hemos preparado de manera concienzuda para realizar la negociación, comenzará el proceso. Este incluye varias partes que van desde el planteamiento inicial hasta el acuerdo final y el cierre.

Normalmente la conversación se inicia con un planteamiento preliminar donde se exponen los objetivos de ambas partes y se intentan buscar los principales acercamientos. Suelen pronunciarse frases absolutas del tipo: «nunca podríamos sobrepasar la cantidad de...»

o «nuestro interés consiste en…», que nunca deberíamos olvidar a lo largo de todo el proceso ya que suponen las líneas rojas del contrario y cruzarlas podría significar romper las negociaciones o caer en un punto muerto sobre el que ninguna de las dos partes se moviese.

A lo largo del proceso de negociación se van produciendo una serie de señales que son dadas por una de las partes y deben ser captadas de forma correcta por la otra. Estas señales pueden ser negativas como «nunca podremos aceptar la cantidad que nos pide» las cuales están bloqueando una línea de acercamiento y deberemos abrir una distinta, o positivas como «podríamos llegar a un acuerdo si aumentasen la oferta», donde la parte contraria nos está informando sobre cuáles son sus intereses y en qué línea nos deberemos mover si queremos llegar a un acuerdo.

Tras identificar las señales que nuestro contrario nos está dejando, deberemos analizarlas junto a los objetivos iniciales que nos hemos marcado y a las líneas rojas que la otra parte nos comentó al inicio. A lo largo de la negociación las posturas se irán acercando o distanciando, dependiendo del interés que nuestras propuestas despierten en la otra parte y viceversa. Habitualmente los puntos de discusión dan lugar a una señal por una de las partes que debe ser interpretada por la otra y provocan una nueva propuesta, oferta o petición distinta de la inicial, que indica que estamos en una posición diferente de la original. Las propuestas arriesgadas, o de ultimátum, deben evitarse ya que en caso de no aceptación llevarán a un estancamiento de la negociación. Las más recomendables son, por tanto, las exploratorias que darán pie a que se desarrollen en extensión y que sean aceptadas con posterioridad.

La aceptación de una propuesta supone un intercambio de ambas partes, donde se obtiene algo a cambio de renunciar a otra cosa. El acuerdo es el cierre de esa aceptación. Debe ser firme y capaz de cubrir un número mínimo de necesidades de los dos, sin haber transgredido ninguna línea roja.

4. La ventaja de la neuroeconomía en la negociación

Debemos tener en cuenta que en una negociación existe una gran cantidad de parámetros que es necesario tener presente para lograr nuestros objetivos. No solo el lenguaje verbal tiene importancia, sino también el no verbal, nuestras emociones y las del contrario van a influir en el acuerdo final. Por ello, las técnicas que hemos aprendido hasta ahora de manipulación tienen un interés especial en estos procesos. Estas serían las estrategias más importantes aportadas por los conocimientos de la neuroeconomía para conseguir nuestros objetivos:

- Tener claro el límite de cesión. Nunca, nunca, nunca debemos presentarnos a una negociación sin saber cuáles son nuestros objetivos y qué estaríamos dispuestos a ceder. La falta de esta información puede llevarnos a aceptar tratos que no nos beneficien y que nos demos cuenta solo tras haberlos cerrado.

- Control de la situación y del estrés. Una de las estrategias del contrario, que nos puede llevar a un deseo de terminar la negociación lo antes posible, es que consiga provocar en nosotros un cierto grado de estrés y malestar que nos ocasione el deseo de finalizar lo antes posible. Entre las formas de disminuirlo se encuentran jugar en terreno conocido (por ejemplo, en nuestras oficinas) o, incluso, tratarnos de manera farmacológica.

- Uso correcto de los colores. Recordemos que algunos colores son capaces de alterar la capacidad de tomar las decisiones en el contrario. Por ejemplo, utilizaremos el color rojo para potenciar la emoción y la rapidez de respuesta. Si utilizamos un ambiente con las paredes pintadas de azul estaríamos aumentando la aptitud de reflexión y creatividad de nuestro contrario.

- Elección del momento óptimo. Las posibilidades de que el contrincante acepte nuestras propuestas, y se muestre más receptivo, dependerán de su estado de humor. Para ello deberíamos evitar los lunes, que son más depresivos que el resto de los días de la semana, los días posteriores a la luna llena y los cercanos a las tormentas geomagnéticas, ya que también disminuyen el estado anímico. También debemos tener en cuenta que los días soleados y veraniegos disminuyen la capacidad de memoria (por lo que será recomendable llevar papel y bolígrafo) y que las noches y las primeras horas de la tarde disminuirán nuestra capacidad de atención.

- Es imprescindible una atmósfera de confianza. Si no se produce un ambiente en el que ambas partes se encuentren cómodas, y confíen la una en la otra, será muy difícil acercar posturas. Recordemos que los humanos se muestran más confiados ante aquello que resulta familiar, por lo que buscar nexos comunes como conocidos, ciudades que se han visitado o intereses comunes pueden significar un buen punto de partida para la negociación. Otra forma de aumentar la confianza de la otra parte es utilizando algunas técnicas del lenguaje no verbal, como repetir los mismos movimientos, mantener el contacto visual o adquirir una postura en espejo. Esta última técnica consiste en imitar la posición corporal de la persona con que se habla sin que ella se dé cuenta.

- Lenguaje no verbal. Como decía Peter Drucker: «lo más importante en una negociación es escuchar lo que no se dice». Si somos capaces de captar las señales no verbales de nuestro contrario, tendremos gran parte del camino andado.

- Debemos captar la atención de la otra parte, sobre todo si no tiene claro que puede beneficiarse de un trato con nosotros. Esto será muy útil si nos dirigimos a un gran número de personas que no están obligadas a escucharnos, por ejemplo un auditorio de posibles inversores a los que estamos pidiendo financiación para nuestro proyecto. Tenemos que recordar que la mejor forma para captar la atención es la ruptura de patrones, que esta se pierde en determinadas horas del día y que no se suele mantener más de hora y media.

- Uso correcto del tiempo. Es de vital importancia saber el tiempo que tenemos para tomar una decisión y qué problemas pueden derivarse de aplazar una negociación para otro día. Una de las causas que más favorecen la toma de decisiones emocionales es la necesidad de dar una respuesta inmediata. Siempre podemos recurrir al clásico «tengo que consultarlo con mi jefe» o «tengo que estudiar esa propuesta» para poder ganar tiempo. De la misma manera, podremos manipular a nuestro contrario si le presionamos para que tome una decisión rápida.

5. Factores de éxito en la negociación

Además de todas las estrategias de la neuroeconomía, serán necesarias ciertas generalidades sin las cuales nunca podremos llegar a un entendimiento con la otra parte:

- Preparación: no conocer cuáles son nuestras líneas rojas y las de nuestros contrarios supone que no estaremos preparados para afrontar con éxito la negociación y tendremos el fracaso garantizado.

- Rigor: debemos ser muy rigurosos y no dejar temas sueltos que pudieran influir en el acuerdo a posteriores. Nunca se puede llegar a un acuerdo y después intentar cambiarlo, ya que tendremos la batalla perdida, habremos dañado nuestra credibilidad y la otra parte no querrá volver a negociar con nosotros.

- Empatía: la capacidad de ponernos en lugar del otro es fundamental. El contrario no es el enemigo, sino un interlocutor que está intentando llegar a un acuerdo, bien para él o para su empresa. Si conocemos sus intereses, y por qué nos está realizando determinadas peticiones, seremos más capaces de lograr puntos comunes de entendimiento.

- Confianza: si no hay confianza, ninguna de las dos partes dirá lo que en realidad le motiva y le interesa y, si esto no se consigue, no se logrará ningún acercamiento.

- Flexibilidad: aunque tengamos las cosas muy claras, y conozcamos perfectamente cuáles son nuestras líneas rojas, debemos ser capaces de adaptarnos a las necesidades de la otra parte sin perder de vista cuáles son nuestros intereses. En ocasiones no podremos lograr lo que al principio era nuestro objetivo (un interés para un depósito de un 2%) pero sí otro que nos puede ser igual de válido (un interés de un 3% y ahorrarnos tener un plan de pensiones).

* Paciencia: aunque dicen que «la paciencia es la madre de la ciencia» podemos afirmar que también lo es de la negociación, ya que si no sabemos escuchar, o presionamos demasiado a la otra parte, podemos hacer que nuestro contrario se ponga a la defensiva, se lleguen a puntos muertos o se suspendan las negociaciones. En definitiva, ante las dificultades y cuando las negociaciones no progresan una técnica puede ser simplemente esperar, dejar que las cosas maduren y que la parte contraria se dé cuenta de que necesita un trato con nosotros y se replanteé sus necesidades.

La negociación, como decía Dale Carnegie, es un arte con el que los demás hacen con gusto lo que uno quiere que hagan o, al menos, que lleguen a un punto intermedio que nos satisfaga. En las negociaciones no hay vencedores y vencidos, solo partes que consiguen o no sus objetivos. Las técnicas propias de la neuroeconomía nos pueden ayudar a manipular a la parte contraria, hacerla más influenciable y receptiva a nuestras propuestas, facilitar que tome las decisiones de un modo emocional en lugar de racional e identificar los ambientes que nos son más beneficiosos para llevar a cabo el proceso de la negociación.

Si lo conseguimos, tendremos más cerca nuestros objetivos.

13 | Neurociencia aplicada a las reuniones

«Una comida lubrifica los negocios».

James Boswell

La aplicación de la neurociencia a la gestión empresarial es un desafío, y sus resultados tienen sentido si sirven para mejorar las organizaciones, poniéndose en práctica más allá de la mera teoría bibliográfica. Los estudios y las conclusiones, siempre que son llevados a cabo por profesionales con formación en el ámbito de la ciencia básica y del mundo empresarial, podrán mejorar el funcionamiento y el rendimiento, así como el desempeño de las empresas gracias a la mejora de la eficacia y la eficiencia de cada una de las personas que la forman.

El objetivo de los directivos en este sentido sería conseguir los resultados de la empresa a través del compromiso y del desempeño de cada trabajador, para lo que conocer el cerebro individual y organizacional es la mejor arma. Lo que en realidad hace interesante el *neuromanagement* es la posibilidad de aplicarlo a todos los aspectos organizacionales, y las reuniones pueden convertirse en un espacio para que, a través de los conocimientos del funcionamiento del cerebro humano que posibilita la neurociencia, los gestores puedan mejorar los resultados de la empresa. La neurociencia aporta el apoyo fundamental a la psicología organizativa, posibilitando entender las causas de las prácticas recomendadas para mejorar la eficacia y la eficiencia de las decisiones de gerencia desde el punto de vista científico.

1. La reunión, una técnica de solución de problemas

Las reuniones son una parte fundamental de la vida de las empresas, con lo que un buen aprovechamiento de las mismas se antoja imprescindible para su éxito. Es una técnica que permite tratar los problemas que se presentan en el día a día y su éxito o su fracaso depende de una serie de habilidades, para llevarlas a cabo, que no todo el mundo tiene.

La reunión supone una congregación de un número de personas, con un perfil y unos intereses comunes, para poder transmitir una información o tomar una decisión. Esto supone la participación de varias personas en un tiempo y lugar determinado que comparten un tema común.

Uno de los primeros problemas que puede influir en el éxito o fracaso de una reunión es el número de personas que deben estar involucradas. Si bien no hay que ser tan drástico como Sir Herbert Beerbohm, quien decía que «un comité debería tener tres miembros, dos de los cuales habrían de estar siempre ausentes», lo cierto es que el número de personas óptimo no debería ser mayor de siete para que todos pudiesen participar de algún modo. Ya hemos visto los diferentes grupos que se forman dependiendo del sexo de los constituyentes. Los grupos femeninos suelen ser de menor tamaño que los masculinos y, además, suelen predominar las ideas que se toman por consenso entre todos los miembros del grupo. Por su parte, en los grupos de hombres suele erigirse un líder, lo cual se ha demostrado que está relacionado con la cantidad de testosterona que posee.

Hay una serie de elementos que son imprescindibles para que una reunión pueda llevarse a cabo: el asunto que se va a tratar, las ideas de las que se parten y los objetivos que se pretenden alcanzar. Para evitar que las emociones surjan a lo largo de la reunión y nos aparten de nuestros objetivos debemos primar las opiniones racionales, para lo cual está bien tener una buena planificación inicial y dejar por escrito el máximo número de objetivos y puntos a tratar.

La mayoría de los expertos en gestión, muestran consenso al establecer las fases importantes que toda reunión ha de seguir para su correcto desarrollo. La neurociencia ha permitido establecer las prácticas más adecuadas para cada fase, las cuales se describen a continuación:

- La primera fase, o de planificación, tiene por objetivo definir el tema que se va a tratar en la reunión, así como todo lo referente a la preparación, informarse de lo que se va a tratar, estudiarlo y tener una opinión propia y clara, sin presiones de tiempo para que la toma de decisiones sea lo más racional posible. Es muy importante dejar por escrito nuestros objetivos y las líneas rojas que nunca pasaríamos, ya que es la mejor manera de que las emociones no interfieran después en nuestro interés. En esta fase también se decidirá quién asistirá, asegurándose de que los miembros que acudan tienen algo que aportar o que el objeto de la reunión les incumbe. La última parte consiste en la convocatoria de la reunión, que se recomienda que se realice al menos con una semana de antelación. Las reuniones de urgencia obviarán este paso, lógicamente.

- La segunda fase tiene por objetivo la organización de la misma, lo cual incluye un correcto manejo de los tiempos. Se debe empezar y finalizar a tiempo, según se había pactado al inicio, para no crear malestar en el grupo. Si se empieza tarde, los individuos la comenzarán con el sistema de aversión a la pérdida activado debido a la pérdida de tiempo que se ha producido, lo que supondría que después estarían más reacios a aceptar las conclusiones y llegar a un consenso. Además, el incumplimiento repetido de los tiempos llevaría a una falta de confianza de los asistentes, con las consecuencias negativas que eso conlleva. La organización de la reunión también tiene que ver con el acondicionamiento de los espacios, para favorecer la accesibilidad y el confort de los asistentes. Se recomienda dedicar un tiempo antes y después de la reunión para que las personas hablen y se socialicen.

- La tercera fase supone la dirección de la misma. Ser el encargado de dirigir una reunión implica asumir ciertas responsabilidades, y es el responsable de este rol quien más puede beneficiarse de los conocimientos que aporta la neurociencia. Puesto que las personas trabajan de una manera más eficaz cuando se sienten integradas y motivadas, el responsable de la reunión puede implementar ciertas técnicas que potencien esto.

- El director de la reunión tiene que asumir el papel de líder del grupo, marcar los tiempos y dirigir la reunión en todo momento. El resto de los miembros del grupo deben respetar a quien asume ese papel, ya que de lo contrario la reunión perdería su rumbo y se alejaría de conseguir su objetivo. Se recomienda hacer presentaciones, «romper el hielo» de algún modo, para eliminar tensiones. Es imprescindible mantener el buen camino de la discusión, no permitir que se desvíe el tema de la agenda, evitar que alguien monopolice la palabra y motivar a todos para que participen. Es necesario ser cordial pero firme. El responsable (moderador u organizador) no debería tomar parte si se crean debates, sino asegurar que el mismo sea productivo y no se convierta en un enfrentamiento personal.

- Para finalizar, es importante resumir los puntos que se han tratado para que todo el grupo pueda memorizarlos y recordarlos con posterioridad. Es importante tener en cuenta que la atención aumenta en los instantes finales de la reunión, por lo que se tendrían que aprovechar para recalcar las ideas que todo el mundo debería llevarse a casa.

No debe olvidarse, en ninguna de las fases, que nuestro propio cuerpo, movimientos y reacciones fisiológicas transmiten más que nuestras palabras, por lo que cuando estamos en una reunión habrá que tener especial cuidado en este punto, y sobre todo evitar los comportamientos que nos hagan perder el rol de líder.

Cuadro 13.1 Pasos necesarios en el desarrollo de una reunión

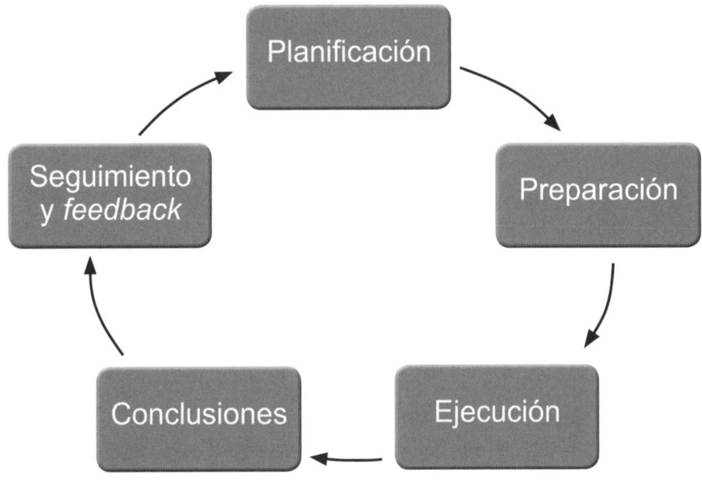

2. Solo iré a la reunión si me dan bombones

Indudablemente la gente a la que citemos a la reunión acudirá solo por dos motivos: a) porque tiene algo que ganar, en cuyo caso estará activando el sistema de recompensa cerebral; y b) por obligación, es decir para evitar una pérdida o castigo derivados de no acudir a la cita, lo que supondría activar el sistema de aversión a la pérdida.

El director de una reunión tiene que tener en cuenta que la gran mayoría de los parámetros psicológicos y de funcionamiento cerebral, que se han propuesto a lo largo de este libro, pueden ser aplicados y le servirán para manipular o influir en las decisiones del grupo en su beneficio y en el de la empresa. Veamos cuáles son las formas de manipulación más importantes:

- Los asistentes solo prestarán atención a aquello que consideran importante. Si creen que pueden ganar algún tipo de recompensa o evitar una pérdida estarán más motivados y podrán mantener más tiempo su fijación e interés. Para conseguir esto, el convocante de la reunión deberá averiguar qué les interesa para poder transmitirles qué podrían ganar participando. Cuando los asistentes no tengan ningún interés en ningún punto que se trate, será muy difícil que participen de forma activa y que aporten lo mejor de sí mismos.

- Una de las técnicas de manipulación que puede tener gran interés en las reuniones, para cambiar las opiniones de los demás, sería el efecto manada. Si la mayoría de los asistentes a la reunión tienen la misma opinión sobre algún punto que se trate, será muy fácil que el resto adquiera la misma postura. Es muy típico en los seres humanos el hecho de que, una vez se expresa una opinión, el resto adquiera esa misma idea. El convocante de una reunión debe conocer esto ya que puede ser de gran interés para manipular las opiniones de los demás. Por ejemplo, si necesita que los participantes le apoyen en una idea será muy útil comenzar preguntando qué opinan aquellos que, de entrada, tienen ideas afines, ya que de este modo será muy probable que el resto de los asistentes vayan adoptando las ideas que le interesan al convocante.

- El efecto goggle puede tener también su interés para cambiar la opinión de algún dato o de una cifra concreta. Por ejemplo, si queremos que alguna cifra resulte más atractiva de lo que es, sería útil acompañarla de otro dato que fuese especialmente bueno. Si decimos «los beneficios de la compañía han aumentado un 1% en el último año y el volumen de ventas se ha disparado un 10%», nuestro cerebro, de manera inconsciente, asimilará el mediocre dato del incremento del 1% mucho mejor de lo que es en realidad.

- El efecto halo también puede tener utilidad en las reuniones. Si nos acompañamos de alguna persona con una fama positiva en la empresa, y la llevamos de nuestra mano a la reunión, los datos que presentemos serán analizados de un modo más bondadoso de lo que en realidad son, lo cual puede ser muy útil en algunos casos concretos.

3. Neurociencia y reuniones de empresa

La neurociencia aplicada trata de desentrañar la manera en la que la actividad del cerebro se relaciona con el comportamiento, suponiendo esto una revolución en la manera de entender nuestras conductas y pudiendo así ayudar a mejorar las herramientas y prácticas laborales. Hay una serie de requisitos o recomendaciones que han demostrado ser eficaces para garantizar el éxito de las reuniones. Estas pautas tienen una explicación clara desde el punto de vista de la neurociencia, ya que se fundamentan en las características de nuestro propio cerebro en cuanto a su capacidad de prestar atención, motivarse, focalizar los esfuerzos mentales o mejorar la comunicación entre los miembros.

La tecnología aplicada al estudio del cerebro aporta herramientas para la gestión de las organizaciones desde una perspectiva científica, ayudando a gestionar empresas. Los avances como la resonancia magnética funcional permiten, a través de una neuroimagen, conocer el funcionamiento, capacidades y limitaciones del cerebro, ayudando esto a adaptar las reuniones y las técnicas para mejorar su eficacia de la manera más óptima.

Debe tenerse en cuenta que por la propia naturaleza de nuestro cerebro disponemos de lo que se ha venido a llamar atención dividida, que hace referencia a la facultad de ejecutar con éxito más de una acción a la vez, prestando atención a dos o más canales de información. Esta capacidad se pone de manifiesto cuando realizamos diferentes tareas de forma paralela, lo que implica que nuestra atención para cada una de ellas no es plena, y eso provoca un debilitamiento del rendimiento si este es comparado con el que obtendríamos al dedicar toda nuestra atención a una sola tarea.

Existen estudios que sugieren que con la práctica y aplicación de ciertas técnicas se puede mejorar la capacidad de realizar varias tareas a la vez de manera eficaz, y estas pueden ser de gran utilidad en el mundo de la gestión para mejorar la eficacia de las reuniones. A todos nos resulta familiar el hecho de estar en una reunión oyendo la presentación de un compañero, pero sin escucharle. El entrenamiento de la atención aumenta la cantidad de recursos de atención, de modo que ambas tareas se puedan realizar de forma simultánea. Los expertos en gestión han seleccionado unos requisitos básicos que han de cumplir las reuniones laborales, sean de la naturaleza que sean o del sector al que pertenezca la empresa:

- Si es posible, es aconsejable reunirse cara a cara. Varios estudios apuntan a que la conexión visual mejora la comunicación y la colaboración. Los datos demuestran que las reuniones cara a cara impulsan la participación. En caso de la imposibilidad de hacerlo en vivo, existen herramientas que pueden suplir ese contacto personal pero que permiten poner cara al encuentro, como la videoconferencia. Ya que nuestros antepasados no iban a cazar a través de Internet, nosotros tampoco estamos preparados para mantener reuniones grupales a través de la Red. Por ello se recomienda que, siempre dentro de lo posible, las reuniones sean presenciales, aunque las nuevas tecnologías como la videoconferencia pueden ser útiles y muy productivas en casos puntuales, además de ahorrar mucho tiempo. Esto se ha asociado a una mayor atención, participación, empatía y, si el convocante conoce los secretos de la neuroeconomía, será más fácil aplicar las técnicas que aquí se explican para manipular o influir en las opiniones de los demás.

- El horario de las reuniones debe ser tenido en cuenta. Ya sabemos que el cerebro tiene más dificultades para mantener la atención a primera hora de la tarde y en las horas de la noche, por lo que se desaconseja evitar las reuniones a estas horas.

- Acortar las reuniones. La duración aconsejada para una reunión es de unos 45 minutos, y se recomienda que nunca supere la hora y media. La preparación es la clave para mantener reuniones cortas: cuando el orden del día y los objetivos se determinan con claridad, los asistentes están más centrados y son más eficientes, claros, directos y participativos. Nuestro cerebro no puede mantener la atención durante más de hora y media seguida, y a partir de ese momento comienza a aumentar la fatiga y a disminuir la capacidad para focalizarse en el asunto que se está tratando. Además, hay que tener en cuenta que el exceso de reuniones supone una gran carga de trabajo para la empresa e incluso el trabajo de algunos directivos se ve mermado por el exceso de tiempo que se destina a las reuniones. Para controlar el tiempo no solo hay que tener en cuenta que se debería limitar la reunión a una hora y media, sino que también habría que vigilar la periodicidad de y que los motivos de convocatoria estuviesen bien delimitados para evitar perder tiempo en los preliminares.

Cuadro 13.2 Niveles de atención y fatiga a lo largo del tiempo

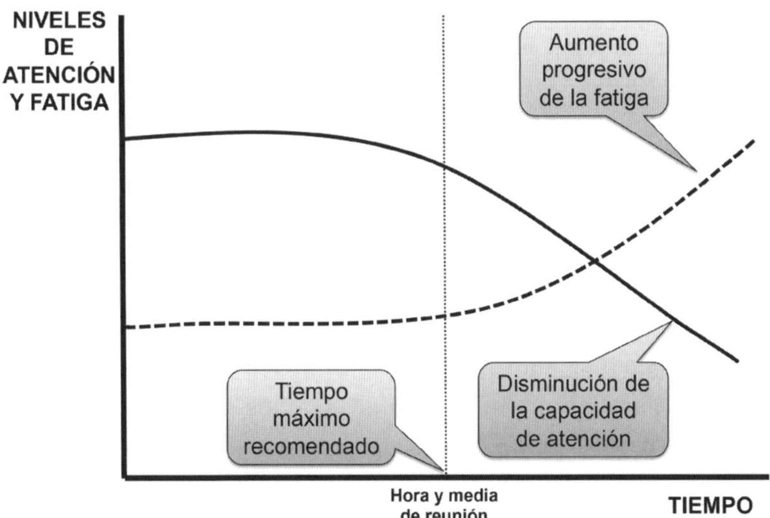

Se recomienda que la duración de las reuniones no supere la hora y media. A partir de ese tiempo comienza a disminuir la capacidad del cerebro para prestar atención y aumenta la sensación de fatiga.

- También sabemos que las reuniones, y la capacidad para establecer relaciones y prestar atención del cerebro humano, están influidas por una gran cantidad de factores externos. Así sabemos que es preferible evitar celebrar las reuniones los días que sean especialmente soleados, ya que la memoria se verá afectada. Si no hay más remedio será de gran utilidad proveer de papel y bolígrafo a los asistentes para que recojan por escrito los temas que se han tratado en la reunión. También hay que evitar los lunes, los días anteriores y posteriores a las tormentas y todas aquellas circunstancias que favorecen el ambiente depresivo, si el objetivo de la reunión es aprobar nuevas ideas o planes de desarrollo. Los viernes, sobre todo por las tardes, tampoco serán muy propicios para convocar reuniones, puesto que los asistentes tendrán grandes dificultades para prestar atención, ya que estarán pensando más en qué van a hacer el fin de semana que en los temas que se pretenden tratar.

- Otro factor importante que la neuroeconomía ha puesto de manifiesto es el color de la sala en la que se desarrolla la reunión. Se sabe que el color azul, sobre todo en su modalidad clara, favorece la creatividad por lo que sería el color ideal si nuestra reunión es del tipo tormenta de ideas. El resto de los colores no han demostrado ser superiores unos a otros, salvo el caso del rojo, que no es recomendable puesto que limitará la capacidad para tomar decisiones racionales y nos hará más impulsivos.

En conclusión, las técnicas de neuroeconomía pueden tener un papel importante en el desarrollo de reuniones. Las diferentes formas de manipulación que explica la neuroeconomía como el efecto goggle, el efecto halo o el efecto manada, nos pueden ayudar en situaciones concretas para influir en las opiniones de los demás y hacer que la reunión sea más fácil y se adecue a nuestros objetivos. Además, los conocimientos de la neurociencia nos ayudan a organizar mejor el tiempo destinado a la reunión, los horarios que se recomiendan o los días de la semana en los que se debe realizar, dependiendo del objetivo que tengamos. La utilización de los últimos avances de la neuroeconomía en el campo de las reuniones de empresa pueden suponer un claro beneficio.

14

Empleados motivados, empleados productivos

«La inspiración existe, pero tiene que encontrarte trabajando».

Pablo Picasso

Imaginemos que somos los gerentes de una empresa que se dedica a construir escuelas y contratamos a varios obreros. Ya en el trabajo diario les preguntamos qué están haciendo y obtenemos estas tres respuestas: «estoy poniendo ladrillos», «estoy construyendo un edificio» y «estoy ayudando a crear un lugar donde los niños aprendan». Los tres obreros están realizando el mismo trabajo aunque ya podemos afirmar que su rendimiento va a ser muy diferente. Quien da la tercera respuesta va a estar mucho más motivado que el segundo, y este, a su vez, lo estará más que el primero. Las diferencias no tendrán lugar solo en sus respuestas, sino que sus cerebros funcionarán de forma diferente, y esto repercutirá en la calidad y en la cantidad del trabajo que sean capaces de realizar. Si conseguimos motivar a nuestros trabajadores podríamos lograr una mayor eficacia y eficiencia por su parte, que además mejoría la calidad de sus trabajos, les haría ser más felices y evitaría los conflictos en la empresa. Por ello el origen de la motivación en el cerebro también está siendo estudiado y ocupa un lugar cada vez más importante dentro del ámbito de la neuroeconomía.

"

Todos nosotros recordamos aquel libro que intentamos leer y que no lo conseguimos porque cualquier estímulo era capaz de distraer nuestra atención, aquella clase de profesor que éramos incapaces de seguir o aquel trabajo que nos encomendó nuestro jefe y que fuimos dejando de un día para otro y se nos olvidó. Todas estas actividades tenían un punto en común: no nos motivaban. Además sabemos que nos cuesta muchísimo más aprender algo que no nos interesa en absoluto, que dejamos de lado actividades que no nos motivan y premiamos aquellas que consideramos que son de nuestro interés. Todos sabemos, en mayor o menor medida, que la motivación es esa parte de nosotros que nos lleva a hacer determinadas actividades en lugar de otras que posiblemente sean más importantes para nuestra vida futura. A un estudiante le puede motivar más quedar con los compañeros para jugar al mus en la cafetería de la facultad que sacar buenas notas, con lo que no siempre resulta algo positivo y puede llevar a focalizarnos en aquello que incluso podría ser perjudicial. Por lo tanto, debemos hacer lo posible para motivarnos con actividades que están asociadas con recompensas positivas y que no tienen un efecto negativo a largo plazo.

Si conseguimos que nuestros empleados se motiven con los intereses de la empresa habremos conseguido una clara ventaja competitiva frente a nuestros competidores.

1. Si no me motivo, no atiendo. Si no atiendo, no aprendo

Existe una clara relación entre la motivación, el aprendizaje y la atención. Como ya hemos comentado con anterioridad, para aprender algo necesitamos prestar atención. Nunca vamos a ser capaces de aprendernos las instrucciones de trabajo de nuestro jefe si no prestamos atención.

Imaginemos a dos jóvenes estudiantes que quieren aprender inglés y se apuntan a clase en junio. Supongamos que los dos tienen las mismas capacidades, y que son de igual de listos (o de tontos), con los mismos perfiles de inteligencia, memoria y capacidad para aprender idiomas. En teoría los dos deberían aprender inglés a la misma velocidad y adquirir los mismos conocimientos al final del verano. Pues bien, si el padre de uno de ellos le premia con algo que el adolescente desee de verdad (por ejemplo, un viaje al Caribe con los amigos), las capacidades de este estudiante aumentarán y, aunque no dedique más tiempo que su compañero, su memoria se potenciará y con ella su aprendizaje, de tal modo que será capaz de aprender mucho más en el mismo tiempo que su compañero. La motivación extra está provocando algún cambio en el cerebro que aumenta sus capacidades de estudio y esos cambios son los que deseamos para nuestros trabajadores. Imaginemos ahora que nos compramos un móvil y nos dicen el código PUK de nuestra tarjeta telefónica. Posiblemente nos resulte imposible memorizarlo, o al menos nos será mucho más difícil que el número de teléfono de aquella chica que conocimos anoche en una discoteca y que tanto nos atraía. El número de cifras que tenemos que recordar es muy similar y la parte del cerebro que utilizamos es la misma. El único cambio entre los dos escenarios es la motivación, que es capaz de alterar nuestra capacidad de memoria y de aprendizaje.

Se ha comprobado que los seres humanos tenemos una tendencia innata a cambiar el foco de nuestra atención, lo que se denomina «alternancia de la atención», algo muy importante para el hombre primitivo. Recordemos que la Prehistoria era una realidad llena de peligros potenciales en la que podíamos perder la vida en cualquier momento. Aquellos que estaban más preparados para percibir los cambios en el entorno tenían más probabilidades de detectar antes los peligros potenciales y de sobrevivir. Esto lo consiguió el cerebro desarrollando una tendencia a cambiar de manera constante el estímulo al que prestamos atención, centrándonos solo en un foco cuando tiene una serie de características concretas. Mantener la atención nos puede llevar a percibir una recompensa o evitar una pérdida, esto es, que nos motive. La motivación no es la responsable de captar nuestra atención, sino de mantenerla de manera sostenida en el tiempo.

Una motivación hacia algo concreto, como estudiar inglés, aumentará nuestra capacidad para focalizarnos y potenciaremos nuestra atención en esa materia y, como el aprendizaje es una consecuencia directa de la atención que mantengamos, seremos capaces de hablar inglés mucho antes que otra persona que no estaba motivada.

La motivación de nuestros empleados supone un factor clave para que sean más productivos en el trabajo, adquieran antes las cualidades necesarias para llevarlo a cabo y potencien el valor y el desarrollo de nuestra empresa.

2. ¿Qué pasa en un cerebro motivado?

Ahora bien, ¿qué sucede en un cerebro para que un estímulo le motive y otro le haga cambiar rápidamente el foco de atención? ¿Qué podemos hacer para que el cerebro de nuestros empleados se encuentre motivado y sea más productivo?

A nuestro cerebro llegan miles de estímulos a diario y de la gran mayoría de ellos no somos conscientes debido a que son filtrados por ciertas regiones cerebrales que funcionan de un modo automático. En concreto, tenemos un primer filtro que recibe el nombre de sistema activador reticular ascendente (SARA) que solo deja pasar aquellos estímulos que podrían tener algún interés para nuestra supervivencia. Este sistema elimina alrededor de un 95% de los estímulos por considerarlos inútiles o intrascendentes. Si ahora mismo estás leyendo ese libro tu cerebro está procesando muchísimos datos más de los que tú eres inconsciente: el ruido del coche que pasa por la calle, el ladrido de algún perro, las diferentes luces y sonidos de tu habitación, etc. Sin saberlo, la gran mayoría de esos estímulos no pasan el umbral de la consciencia y son descartados. Si alguno de ellos llegase a ser interpretado como algo potencialmente peligroso (una avispa) o placentero (un anuncio de refrescos en la televisión del vecino) podría llegar a hacerse consciente e interferir en tu capacidad para mantener la atención al leer este estupendo libro.

En definitiva, si queremos que nuestra información llegue a nuestros clientes o empleados lo primero que debemos hacer es rodearla de un interés suficiente como para que sea capaz de pasar el filtro del SARA.

Desde el SARA, los estímulos que han pasado el primer filtro son evaluados por el sistema de recompensa cerebral y el de aversión a la pérdida. Si es identificado como un peligro potencial por el sistema de recompensa, en concreto por la ínsula o por la amígdala, y percibido como una posible fuente de dolor o riesgo será descartado rápidamente. Sin embargo, si este sistema no lo identifica como tal, la información del estímulo viajará a través del área tegmental ventral por el sistema de recompensa cerebral hasta llegar al núcleo accumbens y a la corteza prefrontal. El núcleo accumbens evaluará la cantidad de placer que ese estímulo nos puede aportar y la corteza prefrontal la probabilidad de que consigamos ese placer. Si la estimulación es suficiente tendremos un deseo consciente de ese estímulo en concreto. Por tanto, lo primero que debemos hacer para que nuestro empleado o cliente se sienta motivado es provocar en él la idea de que existe algún estímulo potencial, así como la zanahoria que es capaz de despertar el deseo en el caballo y hacer que se mueva. Este sistema funciona mediante un neurotransmisor llamado dopamina, una sustancia cerebral que se encarga de activar todas estas estructuras y hacer que deseemos el estímulo que ha sido la causa de su activación. Así pues, a mayor cantidad de dopamina en estas regiones cerebrales, más deseo y motivación.

Una de las funciones más complejas de un gerente es saber cómo tiene que motivar a sus empleados para que trabajen mejor y aumente el rendimiento de la compañía. Lo complicado de la motivación es que cada empleado responde a unos estímulos diferentes dependiendo de sus necesidades. Más allá del sueldo, las pagas extras y los incentivos, existen otros métodos para motivar a los trabajadores y que se sientan cómodos en su puesto de trabajo. Los diferentes estudios que se han realizado al respecto sugieren que lo que más motiva a los trabajadores, además de los incentivos económicos, son la flexibilidad en el horario, la libre elección de las vacaciones y de los días libres, el reconocimiento de los logros, las posibilidades de desarrollo en la empresa, el interés de los jefes por sus asuntos personales, el buen ambiente y sentirse parte de la empresa. El hecho de que parte del salario del trabajador proceda de la productividad de su trabajo es un modo muy útil para aumentar su motivación, ya que además de los beneficios económicos se une el hecho de que se sienta reconocido y que forme parte de la empresa, con lo que se trata de una práctica muy recomendable que cada día se impone en un mayor número de empresas.

Algunas compañías se han dado cuenta de la necesidad de que sus trabajadores estén motivados y se toman muy en serio convertirse en medios en los que sus empleados se sientan cómodos y desarrollen todo su potencial. Google, considerada la empresa más deseada por los trabajadores de todo el mundo, lleva a cabo la potenciación de la motivación de sus empleados hasta las máximas consecuencias. En esta empresa los empleados eligen de manera libre los sitios donde prefieren trabajar, tienen restaurantes con comida gratis, salas de billar y *ping-pong,* herramientas de trabajo que facilitan el trabajo de primer nivel, zonas para siestas después de comer para reducir el cansancio y el estrés y espacios multifunción para gestionar el tiempo de forma autónoma y desde cualquier sitio. Google, considerada por esto la Meca de la motivación, está empezando a encontrar competidores en otras empresas que desean copiar su modelo al ser una causa clara de mayor motivación y productividad de sus empleados. En España, empresas como Telefónica, Mercadona o Banco Santander están copiando algunos aspectos de este nuevo modo de entender las empresas, como libertad en la movilidad, horarios flexibles o la existencia de zonas de ocio.

El deseo que ha producido la enorme liberación de dopamina en las áreas de recompensa cerebral lleva asociado un segundo cambio en el cerebro: la liberación de otros neurotransmisores denominados noradrenalina y adrenalina, que son otras sustancias que también afectan a nuestro comportamiento. Ambos neurotransmisores aumentan el estado de tensión y nos «mueven» (no en vano la palabra motivación significa etimológicamente «motivo para la acción») hacia la consecución de la recompensa. Imaginemos al hombre primitivo yendo a cazar, supongamos que ya se le ha disparado la dopamina en el cerebro, se ha desarrollado el deseo de adquirir una determinada pieza de caza y ha decidido asumir el riesgo inherente a intentar esta actividad. Ahora su cuerpo y su mente deben prepararse para lanzarse a tal empresa y se disparan la noradrenalina y la adrenalina, las cuales además de prepararnos para la acción en el cerebro también se elevan en el resto del cuerpo y nos producen una serie de cambios. La presión arterial se dispara, la frecuencia cardíaca aumenta, así como la percepción del nivel de energía, y se eleva el cortisol en sangre, hormona que aumenta la concentración de azúcar en el plasma sanguíneo, y con él nuestra capacidad para realizar ejercicio, y que además detiene las funciones que no son necesarias para una situación de lucha. En el cerebro los cambios dan lugar a una disminución en la percepción de la fatiga y del esfuerzo y aumenta nuestra capacidad de atención. Para el hombre primitivo era fundamental no perder el foco de su presa ya que un mínimo despiste podría afectar a su supervivencia.

Del mismo modo en nuestro tiempo una descarga puntual de adrenalina aumenta nuestra capacidad de concentración y de atención, también sirve para eliminar todo tipo de estímulos que no consideramos útiles para la adquisición de la recompensa e, incluso, se altera nuestra percepción del tiempo haciendo que las horas nos parezcan minutos y que seamos mucho más productivos de lo que creemos que podemos ser. Sin embargo, la adrenalina y la noradrenalina también tienen un factor negativo y es que son las hormonas que se relacionan con el estrés, tanto el agudo como el crónico, por lo que un control de la cantidad de estas hormonas es necesario para la producción de la empresa y la salud mental de los empleados a largo plazo.

Cuando hemos realizado una acción, y hemos conseguido una recompensa, se producen una serie de cambios en el cerebro que nos llevan a repetir dicha acción en un futuro. Supongamos que estoy trabajando ahora mismo frente a mi escritorio y no sé qué hay en los cajones. Si abro el primer cajón por cualquier motivo y encuentro un billete de 100 euros se me activará el sistema de recompensa cerebral debido al placer que esa recompensa me produce, pero los cambios cerebrales van más allá. Mi cerebro habrá asociado la acción de abrir los cajones con la recompensa económica de obtener el billete de 100 euros con lo que habremos dado lugar a un aprendizaje y una motivación para abrir el resto de los cajones. Si abrimos más cajones y encontramos más billetes similares el proceso de aprendizaje continuará y tendemos una tendencia inconsciente a ir abriendo los cajones.

Si en la empresa conseguimos que nuestros empleados aprendan una determinada acción a través de la consecución de una recompensa, desarrollarán una tendencia inconsciente a realizarla. Por ejemplo, si reciben un incentivo económico por haber realizado más ventas de las que al inicio tenían pactadas, la recompensa cerebral que produce el beneficio económico hará que se sientan más motivados por realizarlas y que aprendan los comportamientos que les llevaron a percibir dichas recompensas, aunque estas ya no existan en el futuro.

Cuadro 14.1 El ciclo de la recompensa cerebral

Un estímulo que nuestro cerebro interprete como una recompensa potencial implica que está produciendo una liberación de dopamina en el sistema de recompensa cerebral. Si, además, nos decidimos por desarrollar una actividad para conseguirlo liberaremos adrenalina que nos preparará física y mentalmente para tal acción. Si al final lo conseguimos liberaremos serotonina, que nos provocará un estado de satisfacción, el cual a su vez facilitará unos cambios cerebrales que nos llevarán a motivarnos con dicha actividad y aprender los pasos necesarios para volver a conseguirlo.

3. ¿Existe una fórmula para ser feliz en el trabajo?

En la literatura no científica se mezclan de manera constante los términos motivación y felicidad, ya que se sabe que los más felices y motivados son los empleados más productivos y este es uno de los grandes objetivos de los gerentes. Sin embargo, los problemas para lograr la felicidad en el trabajo se producen desde el mismo momento en el que queremos definir esa palabra. La felicidad sería algo parecido al estado emocional en el que una persona cree haber alcanzado una meta deseada lo que, desde el punto de vista de la neurociencia, consiste en haber adquirido una recompensa.

La neuroeconomía también nos da ciertas pautas para entender qué es la felicidad y cómo generarla en nuestros empleados, para lo cual tenemos que volver a hablar de las sustancias cerebrales. Si existe la dopamina, que es la sustancia capaz de anticipar el placer y producirnos la sensación de deseo, y la adrenalina, la cual está detrás de la acción que nos mueve a obtener la recompensa que satisfaga la necesidad, también existiría una tercera sustancia que es la que aparece en nuestro cerebro cuando hemos conseguido la recompensa y satisfecho nuestra necesidad: la serotonina. Esta sustancia es la que estaría detrás de la felicidad, de la satisfacción del trabajo bien hecho y del estado mental de relajación en el que la calma predomina frente a la ocupación. Los niveles elevados de serotonina están detrás de la calma y la serenidad, así como de la estabilidad del estado del ánimo. No obstante, la mayoría de fármacos antidepresivos son efectivos a través del aumento de la serotonina en sangre.

Además de los sueldos y las recompensas de cualquier tipo que aumentarían nuestro placer y, por lo tanto, nos terminarían haciendo más felices a través de la elevación de la serotonina, se ha descubierto a través de varios estudios algunas prácticas que pueden alterar los niveles de serotonina de nuestros empleados e influir sobre su productividad:

- Las personas que trabajan en turnos rotatorios tienen unos niveles de serotonina mucho más bajos que aquellas que trabajan siempre con el mismo horario, sobre todo si los cambios les alteran los ritmos de sueño.

- El estrés crónico es otra de las razones que hacen disminuir la cantidad de serotonina y, por lo tanto, la productividad. Esto es debido a que da lugar a la producción de cortisol, una hormona que afecta a gran cantidad de sustancias en nuestro organismo, siendo la serotonina una de las que más se ve dañada.

- La alimentación con azúcares refinados. Todos los productos que contienen este tipo de azúcares sirven de alimento para un tipo de bacterias que se encuentran en nuestro tubo digestivo que son capaces de formar una sustancia que bloquea la absorción del triptófano, el cual es el precursor de la serotonina una vez haya pasado a la sangre. Por lo tanto, si alimentamos a estas bacterias no pasará el triptófano a la sangre, no tendremos suficiente serotonina y nos será más difícil ser felices.

- Curiosamente el chocolate es una de las sustancias que más eleva la serotonina, por lo que si queremos tener empleados felices y productivos ya podemos quitar los caramelitos que tenemos en la oficina y cambiarlos por bombones.

Con todo esto ya sabemos que la motivación y la felicidad son procesos internos de los empleados que pueden alterarse desde una gestión eficiente y que utilice los últimos avances de la neuroeconomía. De nosotros depende utilizar todos estos conocimientos para lograr una mayor felicidad y productividad en nuestra empresa.

15 | Neurociencia aplicada al lanzamiento de productos

«El vendedor de éxito se preocupa primero por el cliente,
y luego por los productos».

Philip Kotler

En el mercado globalizado actual, en el que existe un elevado grado de competencia entre empresas, atraer a los compradores es una de las tareas más importantes y difíciles a las que se enfrentan las compañías. Los compradores son numerosos, pero el hecho de que un elevado número de empresas ofrezca productos que satisfacen cada una de sus necesidades, hacen que estas deban competir de manera continuada por ser las escogidas por el cliente. Además, ante la sobreabundancia de competencia, las empresas se especializan, se intentan diferenciar y aportan características únicas a sus productos. En este contexto, el lanzamiento y la creación de productos se erige como una de las claves para tener éxito o, por lo menos, sobrevivir en el mercado. Si conocemos las necesidades de los consumidores y cómo estos toman sus decisiones de compra será mucho más fácil idear productos que sean seleccionados por los clientes frente a los de la competencia, y ahí es donde juega un papel importante la neuroeconomía.

Antes de diseñar cualquier producto, las compañías han de destinar tiempo y recursos para establecer a qué segmento van a dirigirse, con la finalidad de conocer sus características, deseos o posibilidades económicas y crear un producto que se adecue. Sin una correcta comunicación posterior, el éxito será baldío, pero lo que es seguro es que antes de cualquier actividad de publicidad o promoción, el triunfo de un producto en el mercado pasa por que este responda a las necesidades reales o percibidas de los consumidores. Se debe diseñar la estrategia para crear el producto adecuado para los clientes correctos. Por ello, todas las compañías que quieran tener éxito en el mercado, han de seleccionar a los clientes potenciales y lanzar un producto que pueda tener un hueco en el mercado.

Para el gurú del marketing Philip Kotler, el primer paso para lanzar un producto es determinar cuál será el mercado objetivo. Si nuestra empresa se dedica a vender aparatos de aire acondicionado y nos queremos internacionalizar, está claro que si buscamos compradores en Noruega, Islandia o Groenlandia nuestra capacidad de aumentar las ventas será mucho más escasa. Nunca venderemos abrigos en el desierto, helados en el Polo Norte o bikinis en el Himalaya, y la razón está clara: los potenciales clientes no los necesitan.

1. ¿Qué necesitan mis consumidores?

Se antoja imprescindible que una empresa que se quiera expandir conozca las necesidades del segmento del mercado al que se quiere dirigir. La investigación de mercado es el proceso por el cual las empresas diseñan, obtienen y analizan los datos más importantes del entorno, por ejemplo las necesidades de los clientes, anterior a una decisión de marketing, como puede ser sacar un nuevo producto al mercado. En el panorama actual, puede afirmarse que es un hecho abocado al fracaso lanzar un bien o servicio sin tener un profundo conocimiento no solo de los deseos del cliente, sino de la competencia, los productos complementarios, los sustitutivos o las corrientes culturales y las modas del momento.

Además de información sobre los competidores, y de los propios deseos y capacidad adquisitiva de los consumidores potenciales, el experto en marketing necesita estudiar situaciones específicas para ayudar al éxito del lanzamiento.

En el proceso de estudio de los mercados existen diferentes instrumentos de investigación. Los tradicionales cuestionarios o las encuestas en cualquier soporte (en persona, por correo electrónico, etc.) proporcionan una imagen totalmente parcial y poco real de los consumidores, por lo que en la actualidad las grandes empresas emplean técnicas de neuromarketing para conocer lo que de verdad pasa en el cerebro de los compradores, sin sesgos que enturbien la veracidad de las respuestas (consciente o inconscientemente). Los métodos tradicionales para conocer el mercado adolecen, entre otros muchos problemas, de que la respuesta que da el sujeto en muy pocas ocasiones se corresponde con la realidad.

La labor del neuromarketing en este sentido es individualizar los conocimientos sobre qué busca y qué necesita el mercado, para así ofrecérselo. Veamos a continuación uno de esos ejemplos: como es lógico, en los tiempos (o regiones) en que los individuos luchan por cubrir las necesidades básicas, las empresas tendrían fácil vender sus productos; además de que la competencia casi no existiría, si el bien o servicio satisfaría una necesidad concreta y objetiva (beber, comer), hacer que fuese demandado por los consumidores no sería difícil; no haría falta el neuromarketing para el lanzamiento de productos ya que conocer las necesidades y lo que busca el consumidor potencial sería fácil.

Las necesidades de los seres humanos han sido definidas por numerosos autores, siendo el máximo exponente Abraham Maslow, quien creó la pirámide de la jerarquía de las necesidades humanas, conocida como pirámide de Maslow. En ella se diferencian varios tipos de necesidades y se define una jerarquía, desde las más básicas hasta las más complejas. La utilidad práctica de esta pirámide consiste en saber cómo variarán las necesidades de nuestros clientes según se vayan cubriendo. Las diferentes necesidades, ordenadas desde las más básicas hasta las más complejas son: fisiológicas, seguridad, afiliación, reconocimiento y autorrealización:

- Las necesidades fisiológicas hacen referencia a aquellas que son básicas para mantener la vida y la continuación de la especie, como la respiración, la alimentación, el sexo, etc. No podremos vender ningún producto que intente satisfacer un nivel superior de necesidad si el potencial consumidor no tiene las necesidades básicas cubiertas.

- Solo cuando tenemos satisfechas nuestras necesidades básicas nos preocuparemos por el siguiente grupo de necesidades: la seguridad. Aquellos individuos con las necesidades básicas cubiertas se preocuparán por su seguridad física y todo lo relacionado con ella como la salud, el empleo, la propiedad privada o los recursos.

- El tercer escalón son las necesidades de afiliación y solo aparecen cuando las necesidades inferiores están cubiertas. Estas incluyen el afecto, la intimidad sexual o la amistad.

- Las necesidades de reconocimiento se sitúan como el cuarto nivel de necesidad y solo se podrá optar a ellas si se cumplen los tres primeros peldaños. En este grupo se encuentran conceptos como la confianza, el éxito o el respeto. Es indudable que una persona no intentará satisfacer estas necesidades, por ejemplo el éxito, si no tiene cubiertas otras inferiores como la seguridad o la alimentación.

- En el punto más alto de la pirámide de las jerarquías se encuentran las necesidades más complicadas y difíciles de cumplir, que son las de autorrealización, las cuales incluyen conceptos como la moralidad, la creatividad, la aceptación de los problemas o la espontaneidad.

La primera aplicación práctica de esta pirámide de Maslow consiste en que una persona nunca aceptará un producto destinado a cubrir las necesidades de los niveles superiores si no tiene cubiertas las más básicas. Por ejemplo, si nuestra compañía se dedica a vender productos de cosmética estaremos intentando cubrir las necesidades de confianza del cuarto escalón. Si nuestro público objetivo es un país que está perfectamente desarrollado, esta será una necesidad que se intentará satisfacer por lo que nuestro producto tendrá posibilidades de colocarse en el mercado. Sin embargo, si nos dirigimos a un público que no tenga cubiertas las necesidades básicas como un país en un conflicto armado o uno del Tercer Mundo, nuestras posibilidades de colocar un producto de cosmética dirigido al cuarto escalón van a ser muy escasas.

Cuadro 15.1 Pirámide de las necesidades humanas de Maslow

Nota: los individuos solo intentan tener acceso a las necesidades más elevadas si ya tienen cubiertas las más básicas.

El problema aparece en nuestras sociedades, donde las personas han pasado los primeros niveles de la pirámide de Maslow, y cuando la satisfacción de una necesidad superior responde a criterios subjetivos, preferencias y factores sociales. De hecho, en la actualidad el concepto de necesidades de la pirámide de Maslow está siendo superado y comenzamos a hablar de deseos. Con las primeras nos referimos a lo que la gente necesita para vivir y ascender en la pirámide de Maslow, mientras que los deseos consisten en la asociación por parte del cliente de la necesidad (por lo general, no básica) con un determinado producto capaz de satisfacerla.

En los actuales mercados globalizados y competitivos, el neuromarketing cobra todo su sentido, poniendo a disposición de las empresas técnicas y herramientas que ayudan a conocer cómo el cerebro responde ante ciertos estímulos, ayudando así a adaptar los productos o el modo de posicionarlos para que active las áreas cerebrales que garanticen la adquisición de los mismos, esto es, que pongan en funcionamiento más los mecanismos de satisfacción que los relacionados con el miedo, el dolor o la pérdida.

Las técnicas de resonancia magnética cerebral están permitiendo desarrollar herramientas para estudiar las necesidades de los individuos y descubrir los mecanismos por los que se convierten en deseos y más tarde en demanda, incrementando las posibilidades de éxito del lanzamiento de un producto, pues facilita que este pueda reunir las características que activan las áreas cerebrales que llevan a la compra de un producto.

2. ¿Qué es una necesidad para el cerebro?

Supongamos que vamos a un restaurante americano de comida rápida en la que podemos rellenar nuestra bebida todas las veces que queramos. Si pagamos por dicha posibilidad de consumir todo el refresco que queramos y llegamos al restaurante con mucha sed, en nuestro cerebro se van a producir una serie de cambios cuanto menos curiosos. Cuando tomemos la primera bebida se va a liberar una gran cantidad de dopamina (neurotransmisor que anticipa el placer) y de serotonina (sustancia relacionada con el placer y la felicidad) ya que estamos cubriendo una necesidad básica que es la sed. Cuando tomemos la segunda bebida la descarga de estas sustancias será mucho menor puesto que nuestra necesidad básica ya no será tan grande como al principio y no precisaremos ingerir tanto líquido. A partir de la tercera bebida la liberación de dopamina y serotonina será cada vez menor hasta que no experimentemos ningún tipo de placer por beber más. De hecho, si continuamos ingiriendo líquido en lugar de activarnos el sistema de recompensa cerebral lo comenzará a hacer el de aversión a la pérdida porque empezamos a encontrarnos mal por haber bebido en exceso.

Por lo tanto, para el cerebro una necesidad o un deseo es un producto, servicio o acción capaz de liberar dopamina, sustancia cuya función es anticipar el placer y hacer que nos movamos en la línea de conseguirlo. Si presentamos una nueva gama de cosméticos a una mujer en un país en conflicto quizás no despierte en ella mayor interés ya que no está cubriendo las necesidades que tiene en ese momento y no producirá en ella la menor liberación de dopamina.

Ya sabemos que nuestros productos serán percibidos como una necesidad solo si en el cerebro del consumidor vienen acompañados de la liberación de dopamina y, desde las numerosas técnicas de la neuroeconomía, ya hemos hablado mucho en este libro sobre cómo podemos incrementar la liberación de esta sustancia cuando presentamos un producto. Dicho de otro modo, desde los avances de la neuroeconomía podemos hacer que cuando presentamos un producto a nuestros clientes la liberación de dopamina sea mucho mayor de lo que correspondería y ellos lo perciban como una necesidad superior a lo que realmente es.

Supongamos que queremos lanzar un refresco en un país con las necesidades básicas cubiertas. El hecho de presentar una nueva bebida con la idea de que quita la sed no tendría mucho sentido ya que los consumidores no se moverían por el deseo de eliminar la sed puesto que esa necesidad básica está cubierta. Sin embargo, si realizamos una campaña de marketing en la que asociemos nuestro producto a otra idea, como las campañas navideñas de Coca-Cola o de Pepsi-Cola, no estaremos vendiendo al subconsciente de los consumidores solo la idea de un refresco que sacia la sed, sino los conceptos de hermandad, afiliación a un grupo o moralidad propias de niveles de necesidad superiores, por lo que en este caso sí es posible que los clientes no las tengan cubiertas y compren nuestro refresco con la falsa idea de que les satisfará esas carencias de orden superior.

En el fondo este tipo de campañas de marketing son efectivas porque estarían confundiendo al consumidor sobre la necesidad que sería capaz de satisfacer si adquiere el producto que estamos vendiendo. De este mismo modo podemos «vendernos» a nosotros mismos en una empresa. Si logramos identificar las necesidades de la compañía en un momento puntual y nos damos a conocer como la solución, será muy difícil que no consigamos un rápido ascenso.

3. Neuromarketing y posicionamiento de productos y marcas

Tenemos que tener en cuenta que al cliente no le estamos vendiendo solo un producto sino una imagen del mismo, un conjunto de estímulos que el cliente percibe y no únicamente dependiendo del producto sino de otros factores como el embalaje, etiquetado, marca, estado anímico o factores externos que le puedan afectar en ese momento.

Los clientes reciben al principio la información del producto de forma emocional para luego racionalizar la compra. Por ello, si el producto convence desde el punto de vista emocional al cliente, tendremos la mitad del camino recorrido para que decida adquirirlo. En ocasiones vemos determinados mensajes publicitarios que hacen una llamada al mundo afectivo de los potenciales clientes para precipitar la aparición de un recuerdo (memoria episódica) de algún momento positivo de su vida, de tal forma que se cree un vínculo con la marca y seamos capaces de convencer emocionalmente al cliente.

La percepción de un producto por el público es un fenómeno complejo que depende tanto de la forma que tengan las empresas de presentar el producto, como de las características psicológicas y neurobiológicas que forman el colectivo que es objeto de dicha publicidad. Algunos de los factores clave en el posicionamiento de un producto y en la percepción del mismo son los relacionados con la marca. Según diferentes estudios, se ha demostrado que el precio de ciertas categorías se relaciona con la opinión del consumidor sobre su calidad; esto es básico en el lanzamiento de un producto, ya que los esfuerzos de la empresa no tienen por qué dirigirse a buscar disminuciones de precio para ganar cuota de mercado, sino que posicionarlo como exclusivo o especial puede hacer que los clientes lo elijan sobre la competencia y paguen un sobreprecio.

Existen datos que confirman la importancia de invertir esfuerzos humanos, económicos y materiales en el posicionamiento de un producto como parte su lanzamiento. Por ejemplo, un estudio ha demostrado que cuando degustamos un vino, no solo lo hacemos con el gusto sino con la marca. El experimento realizó a 20 personas una resonancia magnética funcional mientras cataban 5 vinos, informándoles de que los precios oscilaban entre 5 y 90 dólares, aunque el mismo vino aparecía dos veces, una con bajo precio y otra alto; siempre afirmaron que los vinos caros eran mejores, incluso en los que eran los mismos con diferente precio. La neurociencia ha logrado demostrar algo esencial para el marketing, y es que ha permitido conocer qué sucede en el cerebro mientras se evalúan los productos. En este caso, al catar los vinos, diversas áreas cerebrales se activaban y una de ellas respondía al precio que creíamos que poseía cada vino, el lóbulo orbitofrontal, implicado en la toma de decisiones. La respuesta de esa región influía en la percepción de los sentidos (gusto y olfato). En conclusión, puede decirse que no atendemos solo al sabor sino que nos confunden las etiquetas, el precio y toda la vestimenta que decora la experiencia de un producto.

Otro de los ejemplos más claros de la utilidad del empleo del neuromarketing, que puede aplicarse a la estrategia de lanzamiento de productos, fue el llamado desafío Pepsi. La utilidad radica en que esta campaña ayudó a conocer desde la perspectiva científica por qué el consumidor puede preferir desde el punto de vista del análisis de las variables objetivas un producto, y al final comprar otro. La campaña consistió en invitar a los consumidores a probar dos productos, en apariencia iguales, y señalar cuál preferían. En este caso, más de la mitad eligió Pepsi, cuando esta estaba muy lejos de liderar el mercado. La pregunta inevitable que se hicieron los expertos fue: ¿cómo es posible que si la mayoría de la gente prefiere un producto, consuma de forma masiva el de la competencia? Esta contradicción llamó la atención de Read Montague, un especialista en neurociencia, que se propuso aplicar el método científico a la resolución del problema. Montague repitió la experiencia con 67 voluntarios a los que sometió a un estudio mediante resonancia magnética funcional. Estos aparatos le permitieron observar que ambos productos activaban el sistema de recompensas positivas del cerebro de la misma manera pero, sin embargo, el córtex prefrontal medial solo se activaba cuando la persona conocía el nombre de la marca del refresco que estaba tomando. Se sabe que esta zona es parte del sistema de recompensa cerebral y su activación tiende a favorecer la decisión.

El especialista concluyó que el cerebro relaciona la marca con imágenes e ideas subjetivas y predeterminadas, generando sensaciones superiores a las correspondientes a la calidad (o el gusto) del producto. Esto constituye una confirmación del enorme poder que puede tener una marca.

4. Lanzamiento de productos, neurociencia y los principios de marketing de Philip Kotler

El gurú del marketing, Philip Kotler, establece la existencia de diez principios clave en la práctica del marketing. El lanzamiento de un producto ha de tener en cuenta este decálogo si se desea obtener éxito. El papel de la neurociencia, sus herramientas, instrumentos y teoría está permitiendo en la actualidad nuevos conocimientos que permiten que cada uno de estos principios pueda implementarse de una manera más eficiente y eficaz, gracias al mejor y más real conocimiento del consumidor, de sus deseos, decisiones y limitaciones.

1. Reconocer que el poder lo tiene el consumidor. Para sacar al mercado un producto hay que tener claro que el objeto que vamos a lanzar no es el protagonista, sino que lo es el cliente potencial. De ahí, que el propio diseño del bien o servicio se deba realizar a partir de lo que conocemos que busca el cliente, en términos materiales y emocionales. Conocer qué busca, qué valora, es una de las principales aportaciones de las técnicas neurocientíficas que evitan los sesgos de las respuestas de los tradicionales estudios de mercado.

2. Desarrollar la oferta dirigida al público objetivo del producto o servicio. Se ha de buscar un nicho de mercado para conocer cómo satisfacer sus deseos y necesidades, ya que no todo el mundo ve activado su sistema de recompensa cerebral con los mismos atributos o características del bien, y la empresa ha de intentar activar esto para garantizar su venta.

3. Diseñar las estrategias de marketing desde el punto de vista del cliente. Una vez tenemos claro a qué segmento nos dirigimos,

Kotler recomienda centrarse en la propuesta que ofrecemos al cliente. Uno de los aportes de la neurociencia es que nuestro cerebro activa las partes de la recompensa no solo por las características intrínsecas, sino por lo que transmite (estatus, diseño, posicionamiento, etc.). La campaña debe comunicar estas, y no las características del producto que es lo que se hace normalmente. Para descubrir a qué dan valor nuestros clientes, las técnicas de neuromarketing son esenciales.

4. Tener en cuenta cómo se distribuye el producto. Kotler afirma que es un medio para poder dar más valor al usuario. El lugar y el modo en que se adquiere un bien es un factor clave para el posicionamiento.

5. Pensar en el cliente para crear valor de manera conjunta. Antes de la década de los cincuenta la empresa definía y creaba valor para los consumidores. El nuevo marketing (o marketing colaborativo) debe colaborar con el cliente y juntos crear nuevas formas de generar valor. El marketing colaborativo puede lanzar una línea amplia de productos, y el cliente encontrar el que más se acerca a sus deseos, o adaptar productos a las necesidades específicas del cliente.

6. Usar nuevas formas de llevar el mensaje al cliente. Los expertos recomiendan que todo mensaje publicitario incluya el valor que deseamos transmitir, información útil para el usuario y algo que le divierta o sorprenda para captar su atención.

7. Analizar el retorno de la inversión (ROI). Otras métricas indispensables a tener en cuenta tras lanzar al mercado un producto son el porcentaje de ventas de los nuevos productos, el beneficio generado por él, la satisfacción del cliente, la irrupción y la cuota de mercado, etc.

8. Tener en cuenta los aportes de la tecnología, y adaptarla a las características de la empresa. Por ejemplo, aunque solo las empresas más potentes pueden llevar a cabo estudios específicos de neuromarketing con productos concretos, los principios,

recomendaciones y teorías que el mundo académico y científico aportan pueden ser de utilidad para todas las compañías con independencia de su tamaño o sector.

9. Crear activos a largo plazo, ser coherentes entre lo que se transmite y lo que se ofrece, mantener buenas relaciones con clientes y accionistas, y crear reputación corporativa.

10. Concebir el marketing relacionado con todos los procesos de una empresa. Las decisiones de marketing afectan a clientes, trabajadores y colaboradores.

Los avances de la neurociencia aplicados al lanzamiento de producto nos permiten identificar mejor los deseos y las necesidades de los consumidores. Además, mediante una buena campaña de marketing podemos identificar a nuestros productos con necesidades de un orden diferente a las que al inicio corresponden. De este modo, tenemos la posibilidad de llegar a nuevos mercados y traducir los avances de la neuroeconomía en resultados para nuestra empresa.

16 | El cerebro y la percepción de los precios

¿Cuánto vale aquel coche que tanto nos gusta? ¿Y cuánto cuesta? Antonio Machado nos dejó la frase: «solamente el necio confunde valor con precio», repetida hasta la saciedad en el mundo de las finanzas. Y lo cierto es que esas palabras incluyen una gran cantidad de dilemas, estudios sobre el precio de los activos e incluso numerosos aspectos filosóficos.

El producto que deseamos adquirir potenciará el sistema de recompensa cerebral, mientras que el precio que debemos pagar por él activará el sistema de aversión a la pérdida, ya que en realidad está produciendo una merma en nuestras capacidades financieras y nuestro cerebro lo interpreta como tal. Si el precio es muy barato activará muy poco este segundo sistema, predominará la influencia de la recompensa cerebral y decidiremos adquirir el producto. Si, por el contrario, el objeto que queremos comprar resulta excesivamente caro, la activación del sistema de aversión a la pérdida será mayor que la activación del de recompensa por lo que el equilibrio entre ambas fuerzas se desplazará hacia el «no», y preferiremos evitar la pérdida económica que vendría asociada a la recompensa. En este sentido, si bien el precio del producto es el que marca su etiqueta, el valor, desde el punto de la neurociencia, sería el precio más alto al que predominaría la activación del sistema de recompensa cerebral y nos decidiríamos a adquirirlo.

De la misma forma que el precio de una recompensa se puede cambiar con facilidad, el valor de la misma también se puede modificar. Por ejemplo, no estaremos dispuestos a pagar lo mismo por un aparato de aire acondicionado si vivimos en el Polo Norte a si residimos en la costa murciana. En este segundo caso la recompensa que nos puede proporcionar será mucho mayor que en el primero y nuestro cerebro lo percibirá como tal, de modo que estaremos más dispuestos a desembolsar mayor cantidad de dinero. El valor que nuestro cerebro dará a un determinado producto estará relacionado con la capacidad que tiene de cubrir nuestras necesidades, que serán diferentes para cada persona. Por ejemplo, las necesidades de un desplazado de guerra no serán las mismas que las de un millonario alemán, por lo que estarán dispuestos a pagar cantidades muy distintas por un producto concreto.

Las necesidades del ser humano han sido estudiadas hasta la saciedad y han quedado reflejadas en la pirámide de Maslow, comentada en el capítulo 15, con lo que el valor que nuestro cerebro otorgará a los productos y, por lo tanto, la cantidad que estaremos dispuestos a pagar por ellos dependerá de la medida en la que estos satisfagan nuestras necesidades.

1. El precio no es justo. Se acabó la negociación

Desde el punto de vista de la economía clásica sabemos que las ventas están directamente relacionadas con el precio: según aumenta la cantidad monetaria que debemos pagar por el producto, menor número de unidades venderemos y la relación entre estas dos variables es inversamente proporcional. Imaginemos que vamos a comprarnos un teléfono móvil nuevo y nos ofrecen el que nosotros queremos por 300 euros, precio que consideramos que es el adecuado por las cualidades del producto que vamos a comprar y que pagamos de buena gana. Ahora bien, supongamos que cuando vamos a comprar el mismo teléfono vemos que el precio es de 250 euros, pero que tiene un recargo de 50 euros porque la compañía nos considera mal cliente al no haber realizado una serie de gastos mínimos con nuestro teléfono anterior. Posiblemente en este segundo caso no adquiriésemos el móvil que tanto nos gusta y el motivo no sería el precio, ya que es el mismo que en el primer caso. Existiría algo más, que estaría desplazando el equilibrio en la toma de decisiones hacia el sistema de aversión a la pérdida, bloqueando nuestra decisión de comprar ese teléfono y que escaparía a la lógica de la oferta y la demanda y a las reglas de los precios de la economía clásica.

La neuroeconomía ha identificado el motivo por el que no compraríamos el teléfono en el segundo caso y sí en el primero y no es otro que la hiperestimulación, que se produce en la ínsula cerebral, estructura perteneciente al sistema de aversión a la pérdida con las situaciones de injusticia. En el momento en el que nuestro cerebro percibe que nos están tratando de forma injusta se activaría esta región cerebral que bloquearía por completo y de forma brusca la capacidad de toma de decisiones. De hecho también se ha comprobado que la relación entre los precios y las ventas no es tan proporcional como se pensaba aplicando solo las leyes de la economía clásica. La teoría clásica establecía que si aumentamos los precios, las ventas disminuirán de forma proporcional, pero eso solo será al principio de la subida. A partir de un precio determinado, que recibe el nombre de punto de equidad, el cerebro de los potenciales compradores comenzarán a verlo como injusto y las ventas caerán en picado. Imaginemos que tenemos un puesto de refrescos en los que cada una de las bebidas tiene un precio de 1,5 euros y decidimos aumentarlo a 3 euros. La caída de las ventas que se producirá será inversamente proporcional a esta subida aunque seguiremos vendiendo refrescos. Ahora bien, si decidimos subir el precio mucho más, por ejemplo hasta 10 euros por refresco, la función matemática que relaciona el precio y la compra ya no se mantendrá, puesto que el sentimiento de injusticia habrá calado entre los potenciales consumidores y se negarán a realizar cualquier tipo de trato con el vendedor injusto. Los gerentes de las empresas deben tener muy claro cuál es el punto de equidad de sus productos, ya que si superan este límite serán vistos como injustos por parte de los consumidores y las ventas e ingresos caerán en picado.

Cuadro 16.1 Nivel de ventas

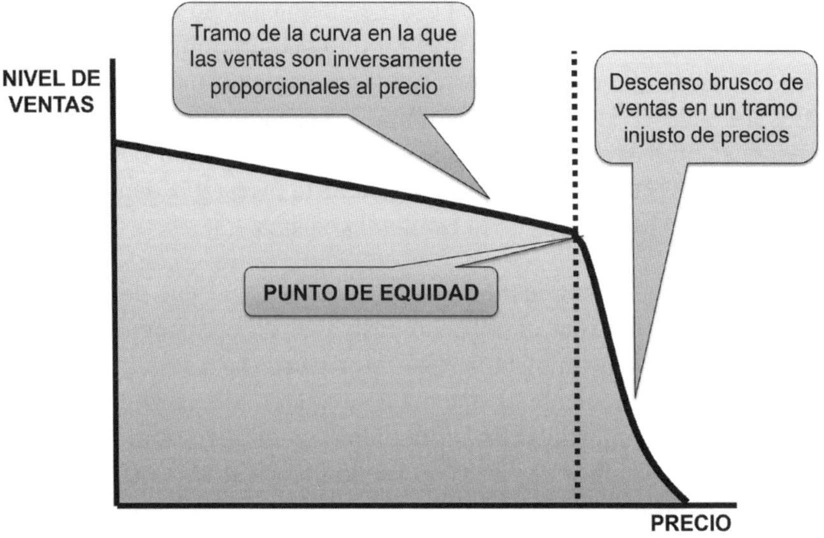

La subida de precios progresiva produce una clara influencia en el nivel de ventas de un producto. En la primera parte de la curva, la relación entre el precio y las ventas es inversamente proporcional (cuanto más caro es un producto menos se vende y el descenso es gradual). Sin embargo, una vez pasado el punto en el que el precio del producto se considera injusto, el descenso de las ventas es muy brusco.

Este es un descubrimiento relativamente reciente, los conceptos de justicia e injusticia pueden ser modificados si el gerente es capaz de manejar de forma adecuada la situación y explicar el motivo que le ha llevado a ese aumento de precios. En un estudio se pidió a los participantes que valoraran la actitud comercial de una ferretería que decidió, en plena nevada, subir el precio de las palas para quitar la nieve de 15 a 20 dólares. El 82% de los encuestados calificó esta situación como injusta y decidieron que, si de ellos dependía, harían lo posible para no adquirir ningún producto en esa ferretería. Sin embargo, el experimento se repitió y los investigadores añadieron una frase explicando el motivo que había llevado a la ferretería a subir el precio de las palas. Esta frase era: «la ferretería actuó de este modo para evitar que se agotara el almacenaje y, de este modo, satisfacer la demanda de sus clientes ya que otro negocio idéntico había elevado el precio a 20 dólares». Sorprendentemente esta explicación sirvió para cambiar la percepción de justicia o injusticia de los participantes y la proporción de los que veían la acción como injusta disminuyó desde el 82 hasta el 32%. Esto tiene un claro interés para los gestores puesto que ante una situación que podría considerarse muy injusta sería de gran utilidad informar a los potenciales clientes y trabajadores de los motivos por los que se está realizando.

Por ejemplo, una empresa ante una situación extrema como disminuir el sueldo de los empleados o desarrollar un ERE para despedir a parte de la plantilla debería realizar todo tipo de esfuerzos de comunicación de manera que la gerencia y los órganos de gobierno de la empresa ofrezcan una buena explicación de los motivos que han llevado a estas decisiones. Estas medidas disminuirían la sensación de injusticia que percibirían los trabajadores de la empresa, tantos los afectados como los que no lo están.

2. ¿Por qué nos parecen tan distintos 99 y 100 euros?

Desde hace ya muchos años vemos que nuestros establecimientos se llenan de precios con cifras extrañas y seguro que más de una vez nos hemos preguntado por qué no utilizarán cifras redondas para pagarlos más fácilmente. La respuesta la obtenemos en que nuestro cerebro trabaja con más dificultad con los números impares y tarda más tiempo en forjarse una idea del auténtico precio del producto, además de que nos parezca de manera inconsciente más barato. Por ejemplo, si vendemos un producto cualquiera a 1,99 euros, es fácil que el cliente responda que le ha costado «un euro y pico».

Sin embargo, hay que tener cuidado con esta técnica porque con el paso de los años la hemos asociado a productos de peor calidad y a nadie se le ocurriría que un coche de marca BMW o Mercedes costase 39.999 euros. De hecho, existen ciertos negocios que juegan con las cifras impares sin disminuir en realidad el precio, con la única idea de dar una imagen de precios bajos y, de este modo, diferenciarse de los precios originales. Los restaurantes han aprendido bien esta diferencia de percepciones de los precios y, sobre todo los de lujo, han dejado de utilizar este truco. En su lugar se ha descubierto que los precios múltiplos de 5 son más fáciles de utilizar por nuestro cerebro y este los relaciona con una mayor calidad. Por eso es muy importante identificar el posicionamiento que tiene nuestra empresa antes de elegir el precio al que queremos vender nuestros productos o servicios. Si nos dedicamos a vender televisiones y tenemos un modelo que podemos elegir venderlo a 499 o 500 euros, la elección final del precio dependerá de la imagen que queremos transmitir a los consumidores. Si nuestra empresa quiere diferenciarse de la original y vender la idea de que somos más económicos deberíamos elegir los 499 euros. Si queremos, por el contrario, que los clientes relacionen nuestra compañía con una imagen de calidad, será mejor elegir la cifra redonda de 500 euros.

Otro truco que se utiliza para que el cerebro no perciba las cantidades económicas de una manera correcta es eliminar el símbolo de la moneda que debería acompañar a la cifra numérica. Por ejemplo, si leemos 13,95 nuestro cerebro percibirá que la cantidad es menor que 13,95€. Esto es por algo tan simple como que el símbolo del euro será reconocido por nuestro sistema de recompensa cerebral y activará más a las estructuras que forman parte de él con lo que, de un modo inconsciente, pensaremos que la pérdida económica que nos producirá adquirirlo será mayor.

Otra forma de jugar con los precios es subir mucho el precio de un producto y transmitir con ello la imagen de calidad o exclusividad. Por ejemplo, el turrón de Jijona 1880 juega con esta idea y utiliza el eslogan: «el turrón más caro del mundo». Esta idea que, desde el punto de vista racional, debería espantar a la mayoría de los potenciales compradores, ha sido muy bien asociada a los conceptos de exclusividad y calidad, con lo que los posibles consumidores estarán dispuestos a pagar un precio superior.

Se ha comprobado que nuestro cerebro reacciona al precio de los productos aumentando el placer que nos producen. Si estudiamos el cerebro de un sujeto mientras le estamos ofertando productos vemos que la corteza prefrontal medial se activará más cuanto mayor sea el precio que tengamos que pagar por él, y eso será interpretado conscientemente como una mayor calidad. Ese mayor precio también activará el sistema de aversión al riesgo ya que la pérdida económica que nos producirá será mayor. Esta doble activación de los sistemas de recompensa cerebral y de aversión al riesgo puede tener una doble consecuencia:

- Si el sujeto tiene un alto poder adquisitivo como para permitirse esta clase de productos, la activación del sistema de recompensa cerebral será superior a la del de aversión al riesgo, ya que este último interpretará que la pérdida económica es asumible.

- Si el sujeto carece de poder económico, el sistema de aversión al riesgo se activará mucho más que el de recompensa cerebral ya que la pérdida económica que producirá comprar un producto de calidad superior será mucho mayor, puesto que su poder económico es menor.

Vistas las dos respuestas de la toma de decisiones, observamos que aumentar la calidad y a la vez el precio de un determinado producto va a tener dos impactos completamente diferentes en los clientes, dependiendo de su poder adquisitivo. De este modo, podemos adaptar nuestros productos solo a los clientes que nos interesan.

3. ¿Por qué las rebajas son tan irresistibles para el cerebro?

Otra de las grandes utilidades de la neurociencia es su aplicación sobre las diferencias de precios. Se ha comprobado que la mayor parte de los consumidores perciben las diferencias de precio en términos porcentuales y no en términos absolutos, lo cual se ha denominado ley de Weber-Fechner. Esto tiene una importancia trascendental para manipular la percepción que el consumidor se lleva del producto o servicio que le queremos ofrecer:

- Supongamos que tenemos una tienda de ropa en la que llegan las rebajas y se van a realizar descuentos de hasta el 40%. Esta rebaja económica es sustancial y será preferible utilizar, a la hora de dárselo a conocer al cliente, porcentajes para que este perciba el descenso en el precio. Por ejemplo, si la prenda de vestir cuesta 50 euros será preferible que utilicemos el mensaje de «40% de descuento» a utilizarlo en términos absolutos, «20 euros de descuento», ya que el cerebro del consumidor percibirá mucho mejor el importante descuento mediante los números porcentuales.

- Sin embargo, si ofrecemos un descuento mucho menor será aconsejable utilizar números absolutos para que nuestro potencial cliente no perciba que el descuento que hemos realizado es ridículo. Por ejemplo, si el producto que queremos vender es una televisión de plasma con un precio de partida de 500 euros y podemos bajar 20 euros, será mucho más apropiado transmitir el mensaje de «20 euros de descuento» a utilizar los términos porcentuales «4% de descuento», ya que en el segundo caso el cerebro del consumidor percibirá con mucha mayor capacidad que el descuento es ridículo.

Una de las técnicas más utilizadas en las rebajas y otros tipos de descuentos es la colocación de los precios de referencia. Por ejemplo, si vendemos un producto a 20 euros y antes lo hacíamos a 50 euros será recomendable dejar la etiqueta del precio anterior para que los consumidores puedan ver el descuento que se ha producido. El cerebro de los potenciales clientes no va a valorar solo el precio absoluto de lo que desean adquirir, sino que también van a tener en cuenta el descuento que se ha producido. Veamos dos situaciones distintas:

- Supongamos que queremos adquirir un ordenador personal y tiene un precio de 800 euros. Nuestro sistema de recompensa cerebral se estimulará por las cualidades del objeto, las necesidades que nos cubra o los recuerdos que nos evoque. Además, el precio activará al sistema de aversión a la pérdida y del equilibrio resultante dependerá que lo compremos o no.

- Si ahora vemos el mismo ordenador personal, con el mismo precio de 800 euros y un mensaje publicitario al lado que nos indica que antes se vendía por 1.200 euros se va a producir una activación cerebral diferente. Por un lado, y como antes las cualidades del objeto, las necesidades que nos cubra y los recuerdos positivos nos van a activar al sistema de recompensa cerebral mientras que el precio nos va a seguir activando el sistema de aversión a la pérdida. Por otro lado, el hecho de ver el precio anterior va a activar la corteza prefrontal medial, parte integrante y fundamental del sistema de recompensa, por lo que este sistema estará más favorecido que en la situación anterior y será más fácil que adquiramos el objeto.

La técnica de los precios de referencia se ha definido mucho a lo largo de los últimos años y ya existen otras estrategias que se basan en ella. Una variante sería colocar un producto más caro de lo que debería al lado del que queremos vender. De este modo se aumentan las ventas del que a nosotros nos interesa y no del otro que solo actúa como cebo. Esto es así porque el cerebro tiende a decantarnos por aquellos productos que considera que tienen un precio justo y no los que transmiten la idea contraria, con lo que nos estará dirigiendo, de manera inconsciente, hacia la compra del producto con un precio dentro de los límites razonables.

En definitiva, la neuroeconomía también nos sirve para elegir el precio más adecuado y su forma de presentación para atraer el interés de los posibles consumidores. De la misma manera, la interpretación de cifras, porcentajes y sentido de la justicia también se aplica a las cifras que presentan las empresas, las nóminas de los trabajadores o la forma de mostrar los resultados a los accionistas.

Es indudable que una buena aplicación de estas técnicas puede tener una gran utilidad práctica y mejorar los resultados y la imagen de nuestra compañía.

17 | Técnicas de estudio en *neuromanagement*

> «Nunca consideres el estudio como una obligación,
> sino como una oportunidad para penetrar en el
> bello y maravilloso mundo del saber».
>
> Albert Einstein

A lo largo de este libro hemos visto numerosas aplicaciones de la neurociencia al mundo empresarial. Ahora nos toca saber de dónde proceden todos esos datos y cómo el *neuromanagement* podrá seguir desarrollándose y cambiando el mundo empresarial en los años venideros.

Algunas de las técnicas que vamos a comentar en este capítulo están estudiadas y son el origen de los mayores cambios que se han desarrollado hasta la fecha, mientras que otras son de reciente aparición y quizás den lugar a una nueva realidad en la gestión de organizaciones en un futuro no muy lejano.

1. Estudio de los movimientos oculares o técnica del *eye tracking*

Esta técnica consiste en analizar el movimiento de los ojos de un cliente, jefe o empleado. ¿No nos sería útil saber qué partes de nuestros informes evalúa nuestro jefe? ¿Qué zonas de nuestro local miran los clientes? ¿Qué es lo que distrae a nuestros empleados y baja nuestra productividad? O, simplemente, ¿qué parte de nuestra anatomía miran los demás? Todas estas preguntas se pueden responder con la técnica del *eye tracking* que consiste en colocar una especie de gafas con una cámara orientada hacia el ojo y otra hacia donde dirige la mirada, de tal modo que combinando las dos imágenes podemos analizar hacia dónde está mirado el sujeto en cada momento. Por ello es uno de los métodos de estudio que más interés ha suscitado en el mundo del marketing.

Uno de los experimentos que se han realizado con esta técnica es detectar qué parte de un libro o revista es la que mira en primer lugar el lector. Pues bien, se ha comprobado que cuando los abrimos nuestra mirada se dirige hacia la parte superior de la página impar, lo que ha provocado un aumento de precio de los anuncios situados en esta parte, así como también explica que los restaurantes sitúen en esta zona de la carta aquellos platos a los que quieren dar salida por razones de imagen, beneficio económico o cualquier otra razón.

Se ha demostrado que esta técnica tiene un especial interés en la creación de páginas web y en el marketing digital. Se sabe que cuando miramos la pantalla de un ordenador, sobre todo si estamos usando un buscador como Google, nuestros ojos se dirigirán hacia la parte superior izquierda, que coincide con la zona en la que iniciamos la lectura, de modo que los anuncios que más paguen los encontraremos en esta zona a la que se le ha dado un nombre especial: triángulo de oro. También se han descrito algunos trucos para llamar la atención en las páginas web, como la utilización de colores, caras o líneas dibujadas de un modo subliminal a lo largo de la página para facilitar el movimiento ocular y hacer que nuestra mirada desemboque en el producto que queremos vender.

Pero pasemos a preguntas más mundanas y que nos interesan a todos: ¿podemos llegar a saber qué partes de un hombre interesan a una mujer y qué partes de la mujer son las que mira el hombre? Pues sí, también se ha utilizado la técnica del *eye tracking* con estos propósitos. Un estudio realizado sobre la estatua de El David de Miguel Ángel revela hacia dónde se dirigen las miradas de los visitantes. La mayoría de la gente mira la cara, el pecho y los genitales, lo cual no tiene nada que ver con la orientación sexual ya que ni los hombres ni las mujeres pueden evitar «echar un ojo» a las partes pudendas de la escultura.

Ahora bien, es bien sabido que tanto los hombres como las mujeres miramos de forma diferente al sexo opuesto, para ello se han realizado estudios con esta técnica en la que enseñaban a personas de uno y otro sexo personas en bañador o bikini. Cuando los hombres miraban a otros hombres dirigían su mirada hacia la cara y después descendían hacia el pecho, el abdomen e irremediablemente terminaban mirando al abultamiento del bañador en más de un 60% de las ocasiones, posiblemente un gesto prehistórico para comprobar el grado de competitividad que ese hombre suponía frente a otras mujeres de la tribu. Sin embargo, cuando los hombres miraban a una mujer dirigían su mirada hacia la cara, bajaban a los senos, donde se deleitaban durante un buen rato, y terminaban en la región abdominal. Las mujeres cuando miraban a un hombre iniciaban su mirada en la cara, descendían hasta el pecho y el abdomen, donde se deleitaban y permanecían un buen período de tiempo y sorprendentemente no miraban hacia los genitales. Ahora bien, aquellos hombres que llevaban un anillo en su mano izquierda actuaban como un imán para la mirada de las mujeres, ya que la mayoría de ellas no podía evitar fijarse en el estado marital de los hombres, casi siempre de forma inconsciente. Por su parte, apenas ningún hombre fue capaz de responder sobre el estado marital de otro hombre y casi ninguno de ellos perdía tiempo en mirar la mano izquierda. Por último, cuando una mujer dirigía su mirada hacia otra mujer comenzaba mirando su cara y dirigía su mirada hacia las prendas de vestir que llevaba, las tiras del bikini y el conjunto de playa que vestían pasando la mirada de una prenda a otra. Por contraste, los hombres no estaban en absoluto interesados en la ropa que llevaban las mujeres.

Dado que estos resultados nunca se hubiesen obtenido preguntando a los encuestados qué partes de la anatomía de otros sujetos miraban, queda patente la utilidad de esta técnica para diseñar numerosas estrategias que requieran captar la mirada de los consumidores. De hecho, los resultados son tan diferentes entre los que se obtienen siguiendo esta técnica de estudio y las encuestas que se han repetido varias veces para comprobarlos, sobre todo en el hecho de que los hombres no se puedan resistir a echar una ojeada a los atributos masculinos de otro hombre, a diferencia de lo que sucede con las mujeres. Sorprendentemente todos los estudios realizados comprueban una mayor fijación por los atributos masculinos de los hombres.

El interés de esta técnica va más allá y tiene enormes utilidades prácticas. Por ejemplo, se ha llegado a saber cuáles son las áreas de una gran superficie comercial que están más expuestas a la mirada de los consumidores y, de este modo, se ha comprobado que la región más observada en un supermercado es aquella situada a la altura de los ojos de una mujer de altura media. Por este motivo, colocar nuestros productos en esta zona es más caro que hacerlo en otras áreas más apartadas.

Los carteles y anuncios publicitarios de nuestra empresa también se pueden beneficiar de esta técnica ya que nos permiten ver qué partes del cartel son más visionadas. Podemos llegar a manipular la mirada de los consumidores o los empleados, por ejemplo, si en el mismo cartel publicitario se encuentra la imagen de otro sujeto que esté mirando hacia la zona que a nosotros nos interesa (un logo, la imagen de un producto, una frase que queremos que llegue al consumidor, etc.), la persona que mira ese cartel copiará la actitud y surgirá una fuerza interior que lo llevará a girar su mirada y a visualizar la parte del cartel que nosotros queremos que mire.

2. Resonancia magnética funcional

La resonancia magnética funcional se diferencia de la resonancia magnética cerebral tradicional en que nos dice qué partes del cerebro se activan cuando realizamos una función determinada. Podemos realizar a cualquier persona la resonancia, pedirle que haga tal o cual acción y vemos qué región se activa. Y, además, si el sujeto es nuestro cliente o empleado mucho mejor porque así vamos a saber qué parte necesitamos que active para que haga la acción que a nosotros nos conviene y, si es posible, aprenderemos a manipularle para que actúe según nuestros intereses.

A lo largo de esta obra hemos hablado de multitud de áreas cerebrales que se activan o inhiben al realizar determinadas acciones. Pues bien, toda esa información la hemos obtenido gracias a la resonancia magnética funcional, la cual llevamos utilizando desde hace pocos años, lo que explica que la neuroeconomía haya tardado tantos años en desarrollarse y que al principio solo estuviese basada en teorías psicológicas y ninguna de ellas estuviese demostrada.

Uno de los mayores logros de la resonancia magnética consiste en saber, antes que el propio sujeto, si comprará o no un determinado producto. Como ya se ha nombrado en alguno de los capítulos del libro, existe en el cerebro el llamado punto S, algo parecido al punto de no retorno que si se activa llevará en los segundos posteriores al sujeto a pronunciarse sobre el deseo de adquirir un producto o tomar una decisión determinada. Este punto S, en realidad, no es un área concreta, sino que está representada por la activación a la vez del núcleo accumbens y la corteza prefrontal, las cuales crean el deseo de adquirir el producto y la posibilidad de conseguir el placer que de él procede. Además debe acompañarse de la inhibición de la amígdala y de la ínsula cerebrales, las cuales se relacionan con la existencia de una posibilidad de pérdida, precio excesivo o algún peligro. En definitiva, el punto mágico del «sí» tan buscado por publicistas y gerentes de organizaciones consiste en una activación de las estructuras que conforman el sistema de recompensa cerebral y en un bloqueo de las que forman parte del sistema de aversión a la pérdida o al riesgo.

Ya sabemos que la neuroeconomía no nos permite solo saber a través de la resonancia magnética si un sujeto va a tomar una decisión determinada, antes incluso de que él sea consciente de ello, sino que vamos a poder ser capaces de manipular esa decisión a través de los numerosos efectos y modos de influencia que hemos visto en este libro como la utilización de los colores y los efectos manada, halo o goggle. Cada uno de ellos estará representado por la activación o inhibición de una zona cerebral que podremos estudiar mediante la resonancia magnética cerebral y comprobar de qué modo afectan al mágico punto S.

3. Técnicas de electrofisiología

El ser humano utiliza la energía eléctrica para una gran cantidad de funciones y nosotros podemos llegar a medir esa electricidad de un modo relativamente simple. De este modo podemos llegar a estudiar el funcionamiento del corazón, del cerebro y de otras estructuras, algunas de las cuales se alteran ante ciertas emociones o decisiones que el individuo debe tomar.

Una de las que tiene más interés dentro del mundo de la neuroeconomía es el electroencefalograma (EEG), prueba que se utiliza con frecuencia en medicina para medir la actividad cerebral. Consiste en colocar una especie de gorro con electrodos en la cabeza del sujeto que queramos estudiar y registrar la electricidad entre ellos, de tal forma que podamos medir las variaciones que se producen en el cerebro del individuo al tener que tomar decisiones o ser influido del modo que pretendamos. Por ejemplo, se han identificado ciertas ondas cerebrales que permiten medir el grado de memorización y atención ante determinados anuncios publicitarios o mensajes que los gerentes intentan hacer llegar a sus empleados. El electroencefalograma podría tener la clave de por qué unos mensajes consiguen llegar a nuestro grupo de empleados o, incluso, a la sociedad en general y otros se quedan en el escritorio del ordenador del gerente. No sería de extrañar que esta técnica tuviese un gran desarrollo en los próximos años para mejorar el discurso de los políticos y valorar qué capacidad tienen sus eslóganes para quedar en la retina de los votantes.

Una técnica con un fundamento similar, llamada electromiografía (EMG), estudia la corriente eléctrica de los músculos siendo capaz de medir el grado de contracción muscular de un músculo concreto. Se ha comprobado que la actividad del músculo masetero, el que utilizamos para masticar y cerrar la boca, se modifica dependiendo del grado de satisfacción que tengamos con las páginas web que estemos observando. Tendría una clara aplicación para empresas que busquen el desarrollo de programas e interfaces amigables para el trabajo diario de los empleados. Se sabe que los empleados que son felices en una compañía cuando hablan de ella tienen una activación mayor de lo que correspondería en los músculos cigomáticos, los que utilizamos para reír, y que aquellos que están sometidos a mayor presión tienen más contraído el músculo frontal, situado en la frente. Si fuésemos capaces de estudiar mediante un electromiograma la actividad del músculo frontal de los empleados de nuestra empresa podríamos saber si existe un estrés generalizado en los empleados y prevenir problemas futuros en nuestra compañía.

Curiosamente las emociones pueden afectar la capacidad de la piel para conducir la electricidad, fenómeno que recibe el nombre de conductancia, y que también podemos medir con técnicas de electrofisiología. Cuanto mayor es el estrés de un individuo mayor será su producción de adrenalina, lo que dará lugar a que las glándulas sudoríparas generen más sudor y altere la capacidad de la piel para conducir la electricidad. Una utilidad de la medición de la conductancia es el detector de mentiras, ya que cuando mentimos nos ponemos nerviosos y esto altera las cualidades eléctricas de la piel.

4. Otras técnicas para estudiar la gestión empresarial

Además de las técnicas que hemos comentado existen muchas más que tienen un cierto papel en neuroeconomía. De hecho, el apartado de pruebas es el que más está creciendo dentro de esta especialidad y es normal si pensamos que son las que aportan la objetividad a un campo que estaba gobernado de un modo tan subjetivo por las teorías psicológicas. Nombramos las siguientes técnicas de gran interés para la gestión empresarial:

- La termografía es capaz de detectar la temperatura del cuerpo, ya que se ha comprobado que esta cambia según las emociones que estén experimentando los sujetos. Por ejemplo, se sabe que la alegría produce un aumento de temperatura generalizado; la ansiedad solo del tórax; o el amor de la pelvis, el tórax y la cabeza. La depresión y la tristeza producen una bajada generalizada de la temperatura. Lamentablemente las gafas con un termógrafo incorporado para poder ver las emociones de los empleados cuando realizan su trabajo aún no han sido inventadas.

- Las técnicas de reconocimiento facial son aplicaciones por las que un ordenador detecta el rostro de la persona y crea una imagen digital. Además, por las características de los músculos de esa cara es capaz de definir su estado emocional y cuáles son sus reacciones ante determinados estímulos. El *software* que se está desarrollando en los últimos años con este propósito cada vez es más asequible y es una de las técnicas que pueden tener gran impacto en el estudio del sentimiento de los empleados en los próximos años.

- Los test genéticos son capaces de analizar e identificar nuestros genes. Se sabe que algunas formas de un gen, los llamados polimorfismos genéticos, se asocian con mayores o menores cualidades para conseguir determinados objetivos. Por ejemplo, se ha demostrado que los corredores de bolsa con determinados polimorfismos genéticos del gen de la dopamina son capaces de controlar mejor los riesgos y obtienen mejores beneficios en el mercado bursátil que sus competidores. También han aparecido en los últimos años un número creciente de estudios que sugieren que los genes de la dopamina están en relación con el esfuerzo o la pereza en el trabajo. Si desde hace unos años existe el miedo de que en un futuro se puedan crear «bebés a la carta», los más recientes avances del *neuromanagement* abren otra posibilidad, los «trabajadores a la carta», caracterizados por la presencia de genes que los hagan más eficaces en su trabajo.

- Los análisis psicológicos son otra forma de evaluar las características de cada uno de los empleados y se utilizan desde hace mucho tiempo. De hecho no son raros los departamentos de recursos humanos que solicitan pruebas psicológicas en los candidatos que se presentan a un puesto laboral para evaluar sus competencias. Recientemente se han desarrollado más análisis psicológicos, que tratarían de medir otra capacidades de los trabajadores como la de asumir riesgos, evitar dejarse llevar por los demás o la capacidad para advertir una burbuja financiera antes que sus competidores.

Cada vez son más las empresas y sociedades científicas que intentan validar test psicológicos de fácil administración que sean capaces de seleccionar a los mejores trabajadores.

Sin duda alguna las nuevas técnicas de estudio de los procesos de toma de decisiones están comenzando a cambiar el panorama empresarial del siglo XXI. En los próximos años veremos gerentes que utilizarán estas pruebas para analizar las emociones de sus clientes y empleados, a políticos que modificarán su lenguaje electoral para adaptar sus mensajes al cerebro de los votantes y a trabajadores seleccionados en base a su capacidad emocional medida mediante todo tipo de pruebas, incluidas las genéticas. Solo esperemos que estos avances sirvan para aumentar la productividad y el beneficio de todos y que sus posibilidades no queden acaparadas por solo unos pocos.

18

Plasticidad cerebral y el potencial del cerebro humano

«Si el cerebro fuera tan simple que pudiésemos entenderlo,
seríamos tan simples que no lo entenderíamos».

Emerson Pugh

Ya hemos visto cómo los últimos descubrimientos de la neurociencia nos pueden ayudar a llevar a nuestra empresa a obtener los máximos resultados de los que es capaz. Además, también hemos hecho referencia a los beneficios que podemos obtener si aprovechamos correctamente esta nueva ciencia, sin importar si somos gerentes, clientes, jefes o empleados.

Ahora solo nos falta saber si nuestro cerebro está preparado para llegar a su máximo potencial o si, por el contrario, solo podemos seguir con nuestras vidas tal y como están, sin tener opción a revelarnos frente a esta nueva corriente de manipulación mediante la neurociencia.

Hasta hace relativamente poco pensábamos que el cerebro se desarrollaba en los primeros años de nuestra vida hasta llegar rápidamente a su máximo esplendor y que, a partir de ese momento, solo quedaba esperar una degeneración progresiva de nuestras neuronas con pérdida de capacidades y una imposibilidad de regenerar nuestras áreas cerebrales, siendo incapaces de desarrollar nuevas capacidades.

Sin embargo, en los últimos años la neurociencia es cada vez más optimista sobre la potencialidad del cerebro humano, nuevas neuronas y otras células cerebrales surgen en el cerebro adulto y son capaces de asumir nuevas funciones y regenerar aquellas zonas que han sido dañadas. Además, se ha comprobado que el cerebro humano es capaz de adaptarse a las nuevas tecnologías mucho más rápido de lo que pensábamos. Si creíamos que la evolución de nuestras capacidades solo se producía con el paso de los milenios según cambiaba nuestra genética, ahora somos capaces de estudiar cómo el cerebro de una generación adquiere importantes cambios respecto al de la generación anterior debido a los nuevos inventos y tecnologías a los que está expuesto.

Todo esto abre las puertas a un concepto nuevo, que alude al hecho de que nuestro cerebro es capaz de aprender en nuestra edad adulta y adaptarse a lo que aprendemos, capaz de desarrollar su máximo potencial y de incorporar los conocimientos de esta nueva disciplina que es la neuroeconomía. El cerebro de los gerentes puede adaptarse para llevar a la empresa al máximo potencial y aplicar todos los conocimientos que hemos aprendido en este libro. Solo importa el deseo de controlar lo aquí aprendido y someterse a la preparación necesaria para crear un cerebro mucho más racional, que sea capaz de evitar la toma de decisiones intuitiva y que las emociones ejerzan un efecto negativo en la gestión empresarial. Los nuevos conocimientos abren un nuevo mundo de posibilidades que mejorarán sin duda el *management* en los años venideros.

1. Si estudio alemán, ¿terminaré invadiendo Polonia?

La plasticidad cerebral se refiere al fenómeno de adaptación que experimenta el sistema nervioso ante los cambios que se producen en el medio, ya sea interno o externo. Desde hace años se ha demostrado que el cerebro es capaz de producir nuevas células nerviosas para minimizar los efectos de las lesiones cerebrales. También se ha comprobado la existencia de estos cambios cuando nos decidimos a aprender nuevas habilidades.

Una de las formas más sencillas que tenemos para modificar nuestro cerebro es aprender un segundo idioma, tarea ardua y complicada para aquellos que hemos nacido en un ambiente monolingüe, pero con grandes efectos sobre nuestro sistema nervioso. Se sabe que las regiones cerebrales que se activan cuando habla una persona multilingüe son más extensas que cuando habla una que no lo es. Esto produce un pequeño enlentecimiento en el procesamiento del lenguaje y una mayor dificultad para encontrar la palabra deseada, fenómeno que describimos popularmente como «tener la palabra en la punta de la lengua». Pero ahí acaba lo malo de ser bilingüe, ya que los beneficios que produce adquirir un segundo idioma son enormes en el cerebro.

Se ha comprobado que a los cuatro años de edad, el primer idioma ya ha ocupado un espacio prioritario en el cerebro, en lo que se denomina área del lenguaje. El segundo idioma tiene que luchar por su espacio y solo lo conseguirá si estamos sometidos a una gran cantidad de estímulos en ese idioma y, en esa lucha de territorios, se producirán cambios cerebrales que influirán en nuestras cualidades cerebrales. Se ha demostrado que las personas bilingües tienen una mayor cantidad de materia blanca cerebral (la que está formada por las prolongaciones de las neuronas y que originan una gigantesca red de intercambio de información). Cuanta mayor es esta red, mayor será la rapidez del procesamiento cerebral de la información, de modo que aprendiendo un segundo idioma no estamos solo produciendo cambios en la función del cerebro sino también en su anatomía.

Otro concepto muy asociado con el aprendizaje de lenguas es la «ergatividad» que podría llegar a suponer un cambio en nuestro modo de comprender la relación entre comunidades. Se ha comprobado que cuando aprendemos un idioma con estructuras muy diferentes a nuestro idioma materno los cambios cerebrales asociados son mucho más llamativos. Por ejemplo, si nuestra primera lengua es el español tendremos muchos más cambios estructurales en el cerebro si aprendemos alemán, euskera, chino, ruso o japonés que si estudiamos cualquier otra lengua romance. Pero los cambios no quedan ahí. Según las últimas teorías, cuando aprendemos un idioma no adquirimos solo las formas de comunicarnos, sino que los cambios de nuestro sistema nervioso también llevarían a proporcionarnos una serie de conductas que recordarían a las de los pueblos que estamos estudiando. Según esta teoría, si aprendemos alemán nuestra conducta sería más germánica: si aprendemos japonés, nuestra forma de actuar sería más nipona; y si aprendemos chino, también adquiriríamos un modelo de conducta que recordaría a los habitantes del gigante asiático. Estas teorías se han comprobado también con otras materias, si estudiamos matemáticas o física nuestra forma de enfrentarnos al mundo será más analítica y si estudiamos bellas artes o teatro nuestra personalidad será más artística.

Esta teoría de las lenguas ergativas serviría también para explicar las diferencias de personalidad entre las diferentes culturas y, no solo eso, sino que estos rasgos de conducta podrían aprenderse al estudiar un idioma determinado. Esto tiene su interés desde el punto de vista empresarial, así si contratamos a un trabajador que sea capaz de hablar alemán también estaremos contratando a uno con ciertos rasgos de la personalidad alemana.

2. Cada vez que usas Internet tu cerebro cambia

Una de las consecuencias más prácticas de la plasticidad neuronal, y de la capacidad del cerebro para adaptarse a las modificaciones del entorno, es el cambio en nuestra forma de vivir que están provocando las nuevas tecnologías. Si bien a lo largo de la historia el ser humano nacía, vivía y moría en ambientes tecnológicamente muy similares, quienes hemos nacido en las últimas décadas estamos experimentando algo muy novedoso y es que nuestra vida se desarrolla en ambientes muy diferentes desde el punto de vista tecnológico.

Si los humanos primitivos empezaban y terminaban su vida cazando con las mismas herramientas, los trabajadores de hoy comenzaron trabajando con papel y bolígrafo, siguieron con pesados ordenadores con capacidades muy reducidas, para dar paso a ordenadores cada vez más pequeños en tamaño aunque con mayores capacidades, tabletas y teléfonos inteligentes que facilitan nuestra tarea pero que a la vez exigen que nuevas regiones cerebrales adquieran papeles que hasta entonces no les correspondían.

Si ya tenemos claro que la exposición a estímulos constantes (como el que se necesita para aprender un segundo idioma) es capaz de cambiar el funcionamiento de nuestro cerebro, parece lógico pensar que estar conectado varias horas al día a las nuevas tecnologías terminará produciéndonos cambios estructurales en nuestro sistema nervioso. Por ejemplo, se sabe que las nuevas generaciones tienen un área cerebral más grande de la que correspondería para el dedo pulgar de la mano derecha, lo cual parece ser debido al gran uso de este dedo con los teléfonos móviles. Estos estudios se realizaron en el momento en el que solo existían mensajes de texto, con lo que es de suponer que tras la incorporación de WhatsApp y otras aplicaciones de mensajería instantánea gratuitos, el área cerebral destinada a este dedo irá creciendo de manera progresiva. Existirán en el futuro nuevos problemas originados por el uso excesivo de una parte de nuestro organismo que no está preparada para las nuevas funciones. En unos años veremos aparecer una pandemia de artrosis de los pulgares por el uso excesivo del teléfono móvil, un problema que antes sufrían las costureras. Según los últimos estudios es inevitable que en algún momento de la vida desarrollemos este tipo de problemas ya que el uso que hacemos es excesivo y solo depende de la sensibilidad de cada uno el tiempo que tardaremos en presentar esta enfermedad.

Otro de los cambios que está experimentando nuestro sistema nervioso con las nuevas tecnologías afecta nuestra capacidad de trabajo. Si pensamos cuál es la forma en la que trabajamos, comprobamos que cada vez necesitamos menos almacenar información, ya que podemos acceder fácilmente a cualquier dato que esté disponible en Internet de una forma rápida y sencilla. Los cálculos matemáticos complejos tampoco son necesarios puesto que tenemos a nuestra disposición calculadoras, convertidores de divisas, hojas de cálculo y un sinfín de herramientas que hacen inútil la existencia de estas capacidades. El sistema Windows está provocando importantes cambios en nuestro cerebro ya que debemos trabajar con varias ventanas a la vez. Todo ello está dando lugar en nuestro sistema nervioso a un cambio en las funciones de múltiples áreas ya que las necesidades que se precisan son muy distintas a las de las generaciones anteriores. Por un lado, se está perdiendo capacidad de memoria a largo plazo puesto que no la necesitamos al poder acceder a toda la información que necesitamos con solo apretar un botón; y, por otro, necesitamos mayor memoria de trabajo puesto que estamos realizando varias tareas al mismo tiempo.

A aquellos que nacieron después de los años ochenta se les ha llamado «nativos digitales», generación «M» (multitarea), generación «N» (net) o generación «Z» y están conectados desde el nacimiento con elementos tecnológicos –a diferencia de los llamados «inmigrantes digitales», que hace referencia a quienes nacieron antes de los ochenta y que han tenido que aprender a utilizar las nuevas tecnologías–. Se ha demostrado que los nativos digitales tienen una mayor capacidad de trabajar con varias cosas a la vez, de diversificar la atención y una mayor memoria de trabajo.

Desde el punto de vista empresarial debemos tener en cuenta que si queremos contratar a una persona que no tiene experiencia con las nuevas tecnologías, no será fácil adaptarle a un puesto que las requiera ya que no se trata solo de aprender a utilizarlas, sino que se deben producir cambios cerebrales para que pueda sacar provecho, lo cual no sucede en un corto espacio de tiempo.

3. ¿Cambia tu cerebro cuando te dan un «me gusta» en Facebook?

Si los sistemas informáticos que comenzamos utilizando en los años ochenta fueron capaces de cambiar el modo en el que nuestro cerebro funcionaba, los avances tecnológicos no han quedado ahí. Hoy en día las nuevas tecnologías siguen cosechando una presencia cada vez mayor en nuestra sociedad. Uno de los cambios más recientes a los que estamos atendiendo es la expansión cada vez mayor de las redes sociales como Facebook, Twitter o Tuenti. Pensar que estas redes son inocuas para nuestro funcionamiento cerebral, después de ver cómo la tecnología lo hace, es cuanto menos irracional.

Además de los cambios que se habían producido con las tecnologías anteriores como el aumento de nuestra memoria de trabajo, la mayor área cerebral destinada a los dedos de la mano, etc., se sabe que las redes sociales están incrementando nuestra capacidad para sociabilizar y disminuyéndola para afrontar el aislamiento y la depresión. Se ha comprobado incluso que existe una relación entre el tamaño de ciertas áreas cerebrales y el número de amigos. Se sabe que aquellos usuarios de Facebook que tienen un mayor número de amigos tienen más materia gris (regiones cerebrales en las que se encuentran los cuerpos de las neuronas) y la amígdala cerebral adquiere mayor tamaño. Dado que esta estructura cerebral está relacionada con el sistema de aversión a la pérdida, no sería de extrañar que la exposición crónica a esta red social produjese una modificación en nuestra capacidad para tomar las decisiones.

También se han estudiado los cambios cerebrales que se producen cuando recibimos un «me gusta» cuando publicamos algo en nuestro muro. De hecho la región cerebral que se activa es la misma que cuando recibimos cualquier otro tipo de recompensa como dinero, vacaciones, tabaco o sexo. Dicho de otro modo, cuando recibimos un «me gusta» se está activando en nuestro cerebro una serie de estructuras que terminarán provocándonos sensación de placer, como es el ya más que conocido núcleo accumbens. Además, el hecho de que esta estructura sea una de las más utilizables para manipular las opiniones de los demás hacia nosotros a través del efecto goggle, sugiere que podemos valernos de Facebook y de otras redes sociales para manipular la toma de decisiones de los demás y hacerlas más afines a nuestros intereses.

Por último, otro de los cambios que están provocando las redes sociales afecta nuestra capacidad para estar solos. Si a lo largo del día estamos recibiendo mensajes, correos electrónicos y wasaps cada 15 minutos en realidad nunca estamos solos y nuestra tolerabilidad hacia la soledad disminuye mucho. Las dificultades para afrontar la soledad tienen muchas implicaciones en el mundo moderno y pueden asociarse con muchos trastornos de salud y con directas repercusiones en el mundo empresarial. Si, por ejemplo, contratamos a un guardia de seguridad para que pase las noches solo vigilando alguna localización que no disponga de conexión a Internet, podríamos provocarle una frustración secundaria a la soledad y una pérdida de productividad que no ocurriría en la generación anterior.

Cuadro 18.1 Relación entre neuroplasticidad, capacidad de adaptación y aumento de la supervivencia

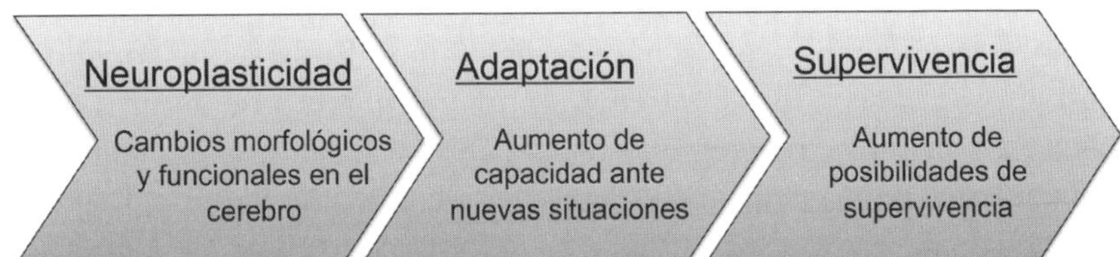

4. Dime a qué videojuego juegas y te diré cómo es tu cerebro

Otras de las tecnologías que parecen estar asociadas a los cambios cerebrales en los últimos años son los videojuegos. Algunos de ellos, especialmente dirigidos a móviles o tabletas, han demostrado ser capaces de aumentar algunas cualidades. Por ejemplo, el rompecabezas *Cut the rope* es capaz de aumentar nuestra capacidad para tomar decisiones más eficaces y racionales.

Un estudio realizado en Singapur sobre el papel de algunos videojuegos en el cerebro, utilizó a jóvenes a los que se les pidió que jugasen a algunos muy conocidos como *Modern combat*, *Fruit ninja*, *Starfront collision* y *Cut the rope*. Los que jugaron a este último presentaron una mejoría clara de las funciones ejecutivas. Aquellos jugadores que fueron capaces de jugar a este juego durante un total de 20 horas consiguieron cambiar de una tarea a otra un 33% más rápido de lo normal, adaptarse a las nuevas situaciones un 30% antes y eliminar las distracciones hasta un 60% más rápido.

En definitiva, sabemos que el cerebro humano es capaz de adaptarse a los nuevos cambios tecnológicos que han adquirido tanta importancia en las últimas décadas. Que para el correcto desarrollo de nuestro sistema nervioso es imprescindible que tengamos acceso a información, que sociabilicemos y que tengamos actividades. Si cambiamos la forma de relacionarnos entre nosotros, el modo y la cantidad de información que poseemos y las actividades que tengamos que realizar al mismo tiempo, lógicamente variará la forma en la que afecta nuestro cerebro y se ha comprobado que este es capaz de adaptarse de un modo muy capaz. Todo este proceso es el que se ha denominado por los neurocientíficos plasticidad neuronal, la cual podemos utilizar para aplicar todos los conocimientos científicos derivados de la neuroeconomía, aprender a tomar las decisiones de un modo más racional y menos emocional y mejorar los resultados empresariales. En los próximos años seremos capaces de crear sistemas que evalúen nuestras situaciones y que nos informen sobre la posibilidad de tomar decisiones emocionales, de tal modo que podremos adaptarnos a las nuevas tecnologías que estén por salir, mejorar nuestras decisiones y, con ellas, los beneficios empresariales.

Conclusiones y reflexiones: el futuro del *neuromanagement*

«Me interesa el futuro porque es el sitio donde voy
a pasar el resto de mi vida».

Woody Allen

Si algo ha quedado claro a lo largo de la lectura de este libro es que el *neuromanagement* ya está aquí, y que no solo cambiará el modelo de gestión de empresas de las generaciones futuras, sino que ya lo está haciendo en la actualidad. Como hemos visto, algunas formas de manipulación de los trabajadores son muy fáciles de llevar a cabo, por no hablar de los clientes o consumidores. Numerosas técnicas de marketing ya están actuando sobre el comportamiento de los potenciales compradores e influyendo en su toma de decisiones. Únicamente nos falta decidir dónde está el límite de la manipulación y hasta qué punto es moralmente aceptable influir en los comportamientos de los demás.

1. Neuroeconomía en la sociedad del siglo XXI

Sin duda alguna me atrevería a decir que los conocimientos de la neuroeconomía son peligrosos y se debe establecer algún tipo de regulación al respecto. Con ellos es fácil influir en el modo en el que los demás toman decisiones y manipularlos en nuestro propio beneficio. Partidos políticos, grandes empresa, nuevos líderes y gerentes con facilidad para la manipulación utilizan los conocimientos de la neuroeconomía hoy en día con gran acierto, a veces incluso sin saber que lo están haciendo. Veamos algunos casos de los más representativos.

Los partidos políticos son un claro ejemplo de manipulación mediante las técnicas de la neuroeconomía y del neuromarketing. Los eslóganes de las campañas electorales tienen un componente de influencia sobre la toma de decisiones y ningún partido se salva de eso. Por ejemplo, el efecto manada en el que se busca la unión y la pertenencia a un grupo está presente en las frases: «únete a la izquierda» de Izquierda Unida, «lo que nos une» de Unión, Progreso y Democracia, «juntos vivimos, juntos decidimos» del PSOE o «súmate al cambio» del Partido Popular. Otra de las técnicas utilizadas por los partidos políticos es el efecto goggle, por la que realizan cualquier tipo de promesa electoral, creíble o no. Esto estimula el núcleo accumbens y se favorece la toma de decisiones emocional con el fin de que culmine otorgando el voto al partido político en cuestión.

Uno de los juegos experimentales que ha tenido más repercusión en neuroeconomía es el llamado juego del ultimátum. Este consiste en una interacción entre dos jugadores que, de manera anónima tienen que repartirse una cantidad de dinero. Se inicia otorgando una cantidad de dinero a uno de los participantes (A), por ejemplo, 100 euros, y pidiéndole que lo reparta con el otro jugador (B) como ellos quieran. La única condición del juego es que si entre ellos no llegan a un acuerdo, ambos participantes perderían todo el dinero. Habitualmente ambos jugadores llegan a distribuir el dinero de un modo muy similar (aproximadamente al 50%) ya que si el reparto del dinero es injusto uno de los jugadores preferirá perder todo su dinero antes de que se cometa tal injusticia.

Esta forma de pensar del juego del ultimátum también se utiliza en las empresas y en la política de hoy en día. Las personas preferimos perder nuestro dinero solo con el objetivo de castigar a los demás, y esto también está siendo utilizado por la clase política. Por ejemplo, el partido Podemos consiguió hacerse con un buen porcentaje de los votos en las elecciones europeas de 2014 con la única idea de ganar el apoyo de los votantes presentándose como alternativa para castigar a los políticos, banqueros y demás personas que se habían lucrado de un modo injusto. Esta idea de la justicia social, acompañada de un enorme efecto manada, ha catapultado a un partido político que busca el apoyo de los votantes a través de las emociones, pero que carece de un programa electoral factible.

Dejando de lado la manipulación política y volviendo al *neuromanagement,* la aplicación de los conocimientos de la neurociencia a la gestión empresarial está teniendo cada vez una mayor importancia, y sus diferentes técnicas y métodos de influencia se pueden aplicar a numerosas estrategias empresariales, desde la relación con los empleados a los departamentos de recursos humanos pasando por su uso como técnica de negociación. Es también clave en la mejora de la relación con los clientes, sus herramientas y teorías pueden mejorar la eficiencia del departamento de marketing o, incluso, puede emplearse para mejorar la motivación y el rendimiento de los empleados.

A pesar de esta enorme fuente de conocimiento y manipulación que representa la neuroeconomía, no existe ningún tipo de control para impedir que sea utilizada solo en beneficio de grandes corporaciones, gobiernos o partidos políticos. El papel que podría jugar esta nueva disciplina sería enorme si se utiliza para cambiar las decisiones de los seres humanos a favor de ideas políticas revolucionarias, mantener dictaduras, catapultar empresas o simplemente cambiar nuestra sociedad. Por ello se antoja cada vez más necesario algún tipo de control.

La neuroética ha surgido ante la llamada desesperada de los que abogan porque exista cierto control sobre estas nuevas técnicas de manipulación. Esta nueva disciplina pretende poner un límite entre lo que es técnicamente viable y lo moralmente aceptable. Por ejemplo, la utilización de un anuncio publicitario en el que se muestre una chica atractiva al lado de un anuncio de Coca-Cola sería tanto viable como aceptable, a pesar de que esté activando el núcleo accumbens de los consumidores y, por lo tanto, favorecer su toma de decisiones emocionales. Sin embargo, la selección de los clientes de una empresa de seguros dependiendo del tipo de receptores de dopamina que posean y, por lo tanto, del riesgo que sean capaces de asumir, es técnicamente plausible pero rechazable desde el punto de vista ético.

La neuroética también intenta dar respuesta a otra pregunta, incluso más trascendental, que plantea la neuroeconomía. Si nosotros conseguimos saber qué decisión va a tomar una determinada persona, incluso segundos antes de que esa persona sea consciente, cabría preguntarnos si ese sujeto en realidad es libre al tomar esa decisión. Si además somos capaces de manipular dicha decisión sin que la otra persona sea consciente de que lo estamos haciendo, los conceptos de libertad y de libre albedrío sobre los que hemos basado nuestra civilización se tambalean.

Por lo tanto, aunque la introducción de la neuroeconomía y el *neuromanagement* en la sociedad actual está siendo lenta, sobre todo por la carencia de personal cualificado y el alto intrusismo, se prevé que las aportaciones de esta disciplina serán cada vez mayores en la mayoría de sectores de nuestra sociedad.

2. Neuroeconomía en el futuro

Las posibilidades que plantea la neuroeconomía son inmensas, e intentar predecir cómo se va a desarrollar y en qué sectores va a influir se antoja muy complicado. Sin embargo, si sigue la evolución actual sí que podemos predecir los cambios que nos esperan en sus primeros años:

> El primer paso en la optimización de la toma de decisiones ya ha llegado y es justo lo que el lector de este libro está conociendo. El hecho de conocer las estructuras cerebrales que están implicadas en la toma de decisiones, y los sesgos que tenemos los seres humanos cuando evaluamos las recompensas y los riesgos, nos llevará a elegir mejores decisiones. En la actualidad se están desarrollando numerosos programas de neuroeconomía para directivos, inversores y gerentes de todo tipo con el objetivo de aumentar sus capacidades para tomar decisiones racionales. Sin embargo, aunque este proceso de divulgación de los cono-

cimientos de la neurociencia y su aplicación al mundo empresarial y de la neuroeconomía está en boga y cada vez son más las asociaciones, cursos e incluso másteres y diplomaturas, la calidad de la enseñanza es muy escasa. Por desgracia es muy común que la enseñanza de esta nueva disciplina esté desarrollada por gente que, viendo el enorme potencial, se ha dejado llevar por la corriente y no tiene ningún tipo de formación en neurociencia. No obstante, y a pesar de estos problemas, se están superando los escollos y cada vez hay más formación destinada a aquel que quiera aprovechar los beneficios de la neuroeconomía para aumentar la productividad de su empresa o, simplemente, para tomar mejores decisiones en su vida. Las técnicas que se han relatado en este libro para aumentar las capacidades de trabajo de los empleados, potenciar su atención, motivación y memoria, o simplemente una mejor selección de los mismos, tendrán una clara influencia en los beneficios empresariales de las compañías que decidan aplicarlas.

Otra de las líneas que se están desarrollando a gran velocidad en los últimos años es la individualización de nuestra capacidad para tomar decisiones. A día de hoy todavía nos movemos en la teoría de cómo las personas en general son capaces de elegir y de valorar el riesgo y los beneficios de una decisión. Sin embargo, cada vez existe una mayor evidencia acumulada sobre la posibilidad de estudiar cómo una persona determinada va a elegir o responder ante ciertas circunstancias. Por ejemplo, podemos realizar una serie de test psicológicos y cognitivos que nos dicen las capacidades de esa persona para evitar una burbuja económica, para dejarse influir por las decisiones de los demás, su nivel de depresión, euforia o impulsividad, todos ellos relacionados con su capacidad para tomar las decisiones. Además, podemos realizar análisis hormonales para cuantificar los niveles de hormonas clave en economía y la gestión empresarial como la testosterona o las diversas hormonas femeninas, responsables del modo en el que trabajamos y nos relacionamos con los demás en las compañías. Estas técnicas nos permitirán en un futuro no muy lejano disponer de trabajadores a la carta y los departamentos de recursos humanos contarán con la ayuda ineludible que supone la neuroeconomía para la selección de personal; podremos utilizar a aquellos sujetos con una mayor impulsividad para realizar operaciones bursátiles de compraventa en el mismo día, seremos capaces de seleccionar mejor a los potenciales líderes y, en definitiva, todo esto repercutirá en un aumento de la productividad empresarial.

Sin embargo, nuestra capacidad para individualizar las decisiones no quedará ahí, y los análisis psicológicos y la medición de hormonas y de otros factores en la sangre pronto darán lugar a técnicas más complejas. Hoy se sabe que la resonancia magnética funcional es capaz de evaluar las características propias de cada trabajador, por lo que no sería desdeñable que esta técnica tuviese su interés para una mejor selección de personal para determinados puestos de trabajo. El cambio fundamental se espera con la utilización de los test genéticos con los que claramente podremos seleccionar a los mejores trabajadores. En el momento actual se sabe que algunos genes en particular se asocian a una mayor tendencia a asumir riesgos, a tener una mayor productividad en el trabajo o, incluso, a unos mejores beneficios en el mercado bursátil. Esta técnica, que además resulta cada día más fácil y barata de realizar, tendrá una clara repercusión en la selección de los empleados y clientes. Las empresas de seguros podrán, al menos desde el punto de vista técnico, seleccionar y asegurar a aquellos clientes con un perfil de riesgo bajo, que no tengan tendencia a asumir riesgos y con una posibilidad de que sufran accidentes mucho menor. Los departamentos de recursos humanos podrán elegir a los mejores trabajadores, a aquellos cuya genética prediga una mayor productividad, o incluso a aquellos con mayores capacidades de liderazgo.

La última frontera que somos capaces de predecir hoy es la corrección y la modificación de los trastornos en la toma de decisiones. Se han realizado estudios con algunos fármacos capaces de mejorar nuestra toma de decisiones racional y frenar el papel de las emociones. Además ya existen numerosos fármacos en el mercado capaces de tratar la impulsividad, ansiedad o estados depresivos. Aunque todos estos tratamientos se han aprobado solo para su uso en pacientes con ciertas enfermedades, el hecho de que sean útiles para mejorar la toma de decisiones puede hacer que en el futuro cercano no solamente se lleven ensayos clínicos en pacientes con enfermedades, sino en sujetos sanos a fin de mejorar sus capacidades de inversión o de gestión.

La terapia génica consiste en la manipulación directa del análisis genético. Aunque es una técnica aún en desarrollo, y con mucho que mejorar en estas primeras décadas del siglo XXI, no sería descartable que al final se pudiesen cambiar los genes que están impidiendo una toma de decisiones correcta y favoreciendo la influencia de las emociones, para dar lugar a una composición genética que primase la toma de decisiones racional y, con ella, una mayor capacidad de liderazgo y de gestión que lograsen aumentar la productividad de las empresas.

Otras técnicas más complejas aún como sistemas de estimulación cerebral para potenciar o bloquear algún núcleo o estructura que está funcionando de forma anómala, implantes cerebrales o, incluso, interfaces máquina-encéfalo se encuentran también dando sus primeros pasos y solo el futuro sabe si se podrán utilizar algún día para mejorar nuestra capacidad para tomar decisiones.

Cuadro C.1 El futuro de la neuroeconomía y del *neuromanagement*

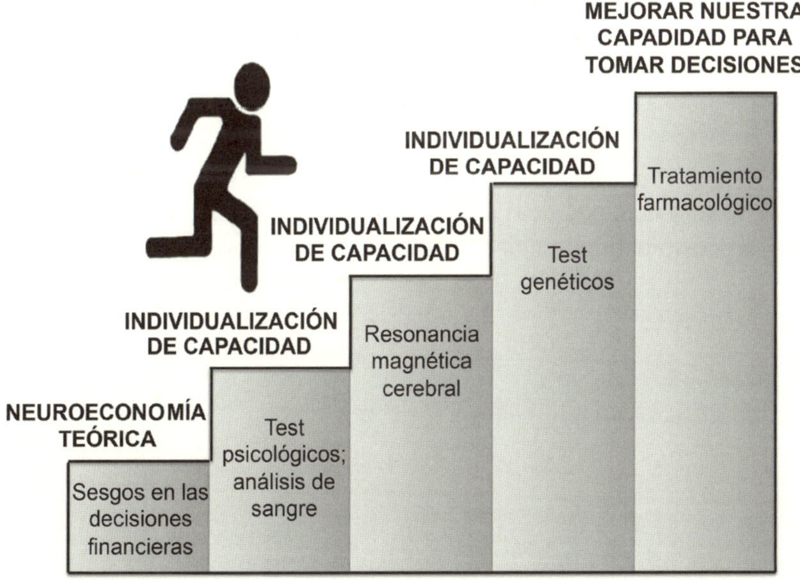

3. Conclusiones y reflexiones

Sin duda alguna la neuroeconomía y el *neuromanagement* cambiarán la forma de entender la gestión empresarial en el futuro. El aumento progresivo de conocimientos procedentes de la neurociencia que tienen un impacto directo en las decisiones de las compañías no hace más que aumentar y, sin duda, terminarán influyendo en el modo en el que se desarrolla nuestra economía. El gran poder de manipulación de esta disciplina requiere un estricto control de la misma, ya que su uso no regulado podría aumentar mucho las diferencias entre los ricos y poderosos, con acceso a mejores técnicas de manipulación, y los pobres con escaso poder adquisitivo, que serían aún más manipulables.

Sin embargo, el desarrollo de la neuroeconomía no queda aquí y en los próximos años intentará dar respuestas a preguntas trascendentales para el ser humano como si en realidad existe nuestra libertad o hasta qué punto los líderes de las sociedades de hoy nos están manipulando para conseguir nuestro voto.

Aunque la neuroeconomía está dando sus primeros pasos ya se antoja como una de las nuevas disciplinas que cambiará nuestra forma de entender la economía en los años venideros. El *neuromanagement* ya ha iniciado el camino de modificar la estructura empresarial de la sociedad.

Ahora solo depende de ti aumentar los conocimientos que este libro ha expuesto para potenciar tu empresa al máximo.

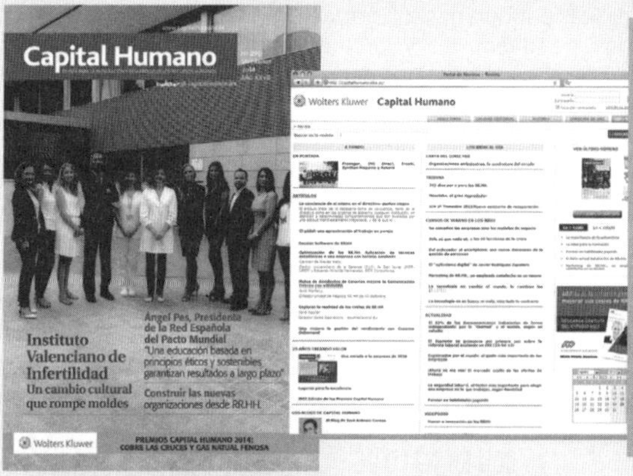

RRHH Digital

EL PRIMER PERIÓDICO ONLINE DE RECURSOS HUMANOS

...ento, management, coaching,
empleo, formación, liderazgo,
social-media, laboral, empresa
actualidad, legal, selección...

nos queda mucho por hacer

- 1993 Madrid
- 2007 Barcelona
- 2008 México DF y Monterrey
- 2010 Londres
- 2011 Nueva York y Buenos Aires
- 2012 Bogotá
- 2014 Shanghái